Die schönsten Dörfer Burgunds

Text von James Bentley
Fotos von Hugh Palmer

GERSTENBERG VERLAG

SEITE 1: Ancy-le-Franc im Departement Yonne (hier eine Ansicht von Norden) liegt am Fuße eines Hügels. Militärischen Schutz bot in der Vergangenheit das wehrhafte Schloß, geistliche Zuflucht die Ende des 12. Jahrhunderts erbaute Kirche.

SEITE 2–3: Flavigny-sur-Ozerain liegt malerisch auf einem nach drei Seiten hin abfallenden Felsrücken im Departement Côte d'Or.

SEITE 3 (KLEINES BILD): Ein Kleinod unter den Dörfern in Yonne ist Châtel-Censoir. Steile Dächer mit Gaupen verleihen den Häusern ein ganz eigenes Gepräge.

Die Deutsche Bibliothek – CIP-Einheitsaufnahme

Die schönsten Dörfer Burgunds / Text von James Bentley. Fotos von Hugh Palmer. [Aus dem Engl. übers. von Eva und Hans-Jürgen Schweikart]. – Hildesheim : Gerstenberg, 1999
Einheitssacht.: The most beautiful villages of Burgundy <dt.>
ISBN 3-8067-2847-X

Aus dem Englischen übersetzt von Eva und Hans-Jürgen Schweikart

Die Originalausgabe erschien 1998 unter dem Titel *The Most Beautiful Villages of Burgundy* bei Thames and Hudson Ltd., London.

Satz: Gerstenberg Druck, Hildesheim
Printed in Singapore by C. S. Graphics
ISBN 3-8067-2847-X

Inhalt

Einführung

Zum heutigen Burgund gehören die Departements Yonne, Nièvre, Côte d'Or und Saône-et-Loire. Im Nordwesten grenzt das Departement Yonne an die Champagne und die Île de France. Bis Paris ist es nicht weit, und da wir annehmen, daß viele Besucher aus der französischen Hauptstadt anreisen, folgen wir in unseren Ausführungen ebenfalls einer Nord-Süd-Route: Zunächst widmen wir uns den Dörfern in Yonne und zum Schluß den Ortschaften in Saône-et-Loire.

Zwar sind die Departements in erster Linie politische Verwaltungseinheiten, dennoch hat jedes von ihnen seine spezifischen Merkmale. So findet man im Süden von Yonne ausgedehnte, dichte Wälder. Zugleich ist die Gegend für ihre Weine berühmt und bietet dem Besucher prächtige Beispiele sakraler und profaner Baukunst. Flüsse und Kanäle prägen die Landschaft: so die majestätische Yonne, der Canal de Bourgogne, der mit einer Vielzahl von Schleusen nahezu vierhundert Höhenmeter überwindet, und der durch eine pittoreske Landschaft führende Canal de Briaire zwischen Seine und Loire. Zum Departement Nièvre, das ebenfalls nach einem Fluß benannt ist, gehören weite Teile des Naturparks Morvan, einer Berglandschaft mit dunklen Wäldern, stillen Seen und abgeschiedenen Dörfern.

Die Côte d'Or verbindet man so stark mit den berühmten Weinbaugebieten Côte de Beaune und Côte de Nuits, daß man oft vergißt, welche Schönheiten dieser Landstrich außerdem zu bieten hat. Ebenen, Täler, enge Felsschluchten, Wasserläufe und saftiges Weideland lassen an den Garten Eden denken, der burgundischen Legenden zufolge hier gelegen haben soll. Kirchen, Schlösser, ja ganze Dörfer zeugen von der Blüte romanischer und gotischer Baukunst in dieser Gegend. In erster Linie aber sind es die unvergleichlichen Weine, die den Dörfern der Region – von Fixin über Nuits-Saint-Georges und

Einer der berühmtesten Weinorte der Côte d'Or ist Puligny-Montrachet, das elf Kilometer südwestlich von Beaune inmitten von Weinbergen liegt – Burgund in Reinkultur.

von Pommard bis Santenay – zu Ruhm und Wohlstand verhalfen.

Auch das südlichste burgundische Departement, Saône-et-Loire, verdankt seinen Namen zwei Flüssen: der Saône, die weiter südlich in die Rhône mündet, und der Loire, die in westlicher Richtung zum Atlantik strömt. Wie in Yonne findet man in Saône-et-Loire große Seen. Die ebenen Wiesen der Bresse, die bewaldeten Hügel des Morvan und die Weinberge des Mâconnais bilden weitere landschaftliche Höhepunkte.

Burgund ist eine geschichtsträchtige Region. Im Mittelalter unterhielten die mächtigen burgundischen Herzöge rege Handelsbeziehungen mit Flandern und den Mittelmeerländern und profitierten von der Lage ihres Herrschaftsgebiets an der Handelsstraße von Paris nach Lyon. Unter den Herzögen Philipp dem Kühnen und Philipp dem Guten, die im 14. bzw. 15. Jahrhundert regierten, wurde Burgund auf kulturellem Gebiet führend in Europa.

Doch sein historisches Erbe reicht noch weiter zurück. Bei Ausgrabungen nahe Solutré im Departement Saône-et-Loire fand man 1866 unterhalb eines Felsens mehr als hunderttausend Wildpferdskelette aus der Altsteinzeit; die Tiere waren offenbar von Jägerhorden in den Abgrund getrieben worden. Auf einer Weide bei Couches, ebenfalls in Saône-et-Loire, stehen vier jungsteinzeitliche Menhire, deren höchster zugleich der größte Ostfrankreichs ist. 1953 entdeckte man in der Grabkammer einer keltischen Fürstin am Fuße des Mont Lassois nahe dem Dörfchen Vix (Departement Côte d'Or) Goldschmiedearbeiten aus der Eisenzeit. Die Fundstücke, die als „Schatz von Vix“ bekannt wurden, sind heute im Archäologischen Museum von Châtillon-sur-Seine zu sehen.

Auf dem Mont Beuvray an der Grenze zwischen Nièvre und Saône-et-Loire wurden Mauerreste

Die Geschichte Burgunds reicht bis in prähistorische Zeit zurück: Menhire aus dem Spätneolithikum bei Epoigny.

eines eindrucksvollen keltischen Oppidums freigelegt. Hier ernannten die Gallier im Jahr 52 v. Chr. Vercingetorix zu ihrem obersten Feldherrn. Er sollte sie in den Kampf gegen Cäsar führen. Vercingetorix' Truppe erlitt bei Alésia-en-Auxois (heute Alise-Sainte-Reine) eine Niederlage, er selbst geriet in Gefangenschaft und wurde später von den Römern hingerichtet. Ein weiteres Zeugnis aus gallorömischer Zeit findet sich in Les Bolards, einem Vorort von Nuits-Saint-Georges. Dort wurden die Ruinen einer großen Siedlung ausgegraben. Im Jahr 433 n. Chr. siedelte sich im Zuge der Völkerwanderung ein ursprünglich von der Ostseeinsel Bornholm kommender Stamm mit Billigung der Römer in dieser Gegend Galliens an. Die Siedler, die sich „Burgundarholmer" nannten, nahmen den christlichen Glauben und die römischen Sitten an; möglicherweise hat Burgund diesem Stamm seinen Namen zu verdanken.

Zum Herzogtum wurde Burgund am Ende des 9. Jahrhunderts. 1031 setzte König Heinrich I. aus der Dynastie der Kapetinger seinen jüngeren Bruder Robert als Erbherzog ein. 1363 erhielt Philipp der Kühne das Herzogtum von seinem Vater Johann II. dem Guten. Das damalige Herrschaftsgebiet umfaßte weite Teile des heutigen Belgien, die Niederlande sowie Luxemburg. Mit dem Tod Karls des Kühnen 1477 zerfiel das burgundische Reich und wurde schließlich Frankreich einverleibt.

Auch die Kirche spielte eine wichtige Rolle in der Geschichte Burgunds. Die Mönche, die ab dem 10. Jahrhundert in den großen Abteien lebten, widmeten sich nicht nur Gebet, Gottesdienst und theologischer Lektüre, sondern auch der Landwirtschaft und dem Weinbau. Zum Erbe der Benediktiner, die nach der Regel des heiligen Benedikt von Nursia (um 480–547) leben, gehört die Klosteranlage von Cluny. Die ehemalige Abtei Fontenay aus dem 12. Jahrhundert wurde von den Zisterziensern

Der Felsen von Solutré im Departement Saône-et-Loire: Hier entdeckte man bei Ausgrabungen Pferdeskelette.

OBEN: *Dieses typische burgundische Dorf scheint am Fuße eines sommerlich grünen Hügels im Zauberschlaf zu liegen.*

RECHTS: *Eine Impression vom Wochenmarkt in Nolay (Côte d'Or), der in der historischen Markthalle aus dem 14. Jahrhundert abgehalten wird.*

gegründet, einem im Jahr 1098 von zwanzig Mönchen aus dem Benediktinerkloster Cîteaux ins Leben gerufenen Reformorden, dessen Mitglieder einer strengeren Auslegung der Benediktinerregel anhingen als ihre Zeitgenossen. Sie leisteten landwirtschaftliche Pionierarbeit und befaßten sich mit Weinbau und Fischzucht. Ihre asketische Lebensweise spiegelt sich in der Schmucklosigkeit ihrer Kirchenbauten wider. Bei der Profanarchitektur Burgunds denkt man als erstes an die vielen Burgen und Schlösser, von denen manche noch immer ein wehrhaftes Äußeres zeigen, während andere im Laufe der Jahrhunderte zu herrlichen Landsitzen umgestaltet wurden. Unbedingt lohnend ist es aber auch – und die Lust darauf zu wecken ist Anliegen unseres Buches –, die reizvolle dörfliche Architektur zu erkunden. Über die Freuden des burgundischen Landlebens schrieb die Romanschriftstellerin Colette, die 1873 in der Ortschaft Saint-Sauveur-en-Puisaye in Yonne geboren wurde, einmal, wie schön doch ein Gang durch die Felder sei, vorbei an gelben Blumen und flammendroten Rosen am Wegesrand. Wie die Fotografien in diesem Bildband zeigen, haben sich viele Dörfer Burgunds seit Colettes Jugend kaum verändert.

Halle
DECORATION
EXPOSITION

Yonne

Ancy-le-Franc
Cerisiers
Chablis
Châtel-Censoir
Montréal
Noyers
Saint-Fargeau
Treigny
Vézelay
Villeneuve-l'Archevêque
Villeneuve-sur-Yonne

In Yonne, so bemerkte einst Victor Hugo, vereinen sich Kunst und Geschichte. 1140 fand in Sens, einer der beiden großen Städte des Departements, jenes Konzil statt, bei dem Bernhard von Clairvaux die Lehren Abälards als Ketzerei verdammte. Einige Jahre später, 1164, suchte der englische Erzbischof und 1173 heiliggesprochene Thomas Becket dort Zuflucht.

Auxerre ist die zweite große Stadt Yonnes. Ihre ehemalige Benediktinerabtei Saint-Germain beherbergt nicht nur Frankreichs älteste Fresken, sondern seit dem 15. Jahrhundert auch die Reliquien des heiligen Germanus. Der Süden Yonnes ist waldreich und bekannt für seine ausgezeichneten Weine, die um Chablis angebaut werden. Viele Weingüter befinden sich noch in Familienbesitz, wenngleich eine große Genossenschaft mehr als ein Sechstel des Weins im Departement produziert.

Neben den großen Weißweinen werden im Tal der Yonne gleichermaßen exzellente, wenn auch weniger berühmte Rotweine gekeltert. Die Nähe der Region zu Paris sowie bequeme Transportmöglichkeiten auf den Wasserwegen machten jedoch auch sie bekannter.

Die Gemeinden, auf deren Gemarkungen der Chablis angebaut wird, liegen zwischen Pouilly-sur-Serein im Südosten, Ligny-le-Châtel im Norden, Viviers im Osten und Préhy im Westen. Die edelsten Tropfen gedeihen auf stark kalkhaltigem Boden. Klassifiziert werden sie nach Lagen in aufsteigender Reihenfolge als Petit Chablis, Chablis Premier Cru und Chablis Grand Cru. In dieser Region wird als einzige Rebsorte Chardonnay, in der Gegend um Auxerre werden auch Pinot Noir und Gamay angebaut. Die Rotweine aus dem Auxerrois werden aus César-Trauben gekeltert, oft mit Pinot Noir verschnitten und als Appellation Bourgogne Irancy verkauft.

Die Sakralarchitektur von Yonne bietet grandiose Eindrücke. Das romanische Langhaus der Basilika Sainte-Madeleine in Vézelay ist weltbekannt und ein Muß für jeden Besucher Burgunds. Fast ebenso malerisch wie Vézelay präsentiert sich das nahegelegene Dörfchen Saint-Père-sous-Vézelay, und besonders prachtvolle Schlösser findet man in Tanlay und Ancy-le-Franc. Mit dem Bau des Schlosses von Tanlay wurde um 1560 begonnen; Bauherr war der mächtige François de Coligny d'Andelot. Während der Religionskriege schlug sich der Schloßherr auf die Seite der Protestanten: Sein Château diente zeitweise als Versammlungsort der Hugenottenführer. Nach seinem Tod ließ einer seiner Schwiegersöhne das sogenannte Petit Château anbauen. Erst in den 1660er Jahren wurde die Anlage nach den Plänen des Architekten Pierre le Muet, eines Anhängers Palladios, im Stil der Renaissance vollendet. Aus dieser Zeit stammen die Kaminverzierungen, Friese und Dacherker.

Bei Treigny liegt der Parc Naturel de Boutissaint, in dem man Wildschweine, Rehe, Hirsche, Wildschafe, Greifvögel und Schwäne in freier Natur beobachten kann. Idyllisch ist auch das Tal des Cousin, der an dem zauberhaften Städtchen Avallon mit seiner Kollegiatskirche Saint-Lazare aus dem 12. Jahrhundert vorbeifließt.

Große Parks und Gärten findet man ebenfalls im Departement Yonne: Das imposante Schloß von Ancy-le-Franc steht inmitten einer herrlichen Gartenanlage, und um das Wasserschloß von Tanlay erstreckt sich ein vierzig Hektar großer Waldgarten.

VORHERGEHENDE DOPPELSEITE (KLEINES BILD): Alte Fachwerkhäuser prägen das Bild des mittelalterlichen Dorfes Noyers im Tal des Serein. Der heute so beschaulich wirkende Ort hat bewegte Zeiten erlebt. Davon zeugen die Überreste seiner Befestigungsanlagen.

VORHERGEHENDE DOPPELSEITE (GROSSES BILD): Der hübsche Ort Cerisiers im Sens-Tal liegt inmitten einer für Yonne typischen Hügellandschaft.

RECHTS: Das Departement Yonne gehört zu den landschaftlich interessantesten Regionen Frankreichs: Tiefe Flußtäler, sanfte Hügel, Wiesen und Wälder prägen das Landschaftsbild.

LINKS: Yonne ist ein Departement voller Gegensätze. Man findet neben prachtvollen, oft turmbewehrten Schlössern – wie hier in Noyers – auch einfache, jahrhundertealte Steinhäuser. Die Zeit scheint stehengeblieben zu sein.

UNTEN: Das prachtvolle Torhaus von Tanlay.

Ancy-le-Franc

Italienische Baumeister und Künstler, die am Hofe Franz' I. wirkten, schufen das Schloß Ancy-le-Franc ab 1546 nach Plänen des Architekten Sebastiano Serlio. Ihr Auftraggeber war Graf Antoine III. von Clermont-Tonnerre, ein Schwager Diane de Poitiers. Die Strenge von Serlios Entwurf – ein massiver symmetrischer Bau um einen quadratischen Innenhof – wird durch Pilaster im Sockelgeschoß sowie steile französische Schieferdächer mit Lukarnen und Nischen etwas abgemildert. Die Räume sind zum größten Teil noch möbliert.

Für die Innendekoration zeichneten im wesentlichen Francesco Primaticcio und Niccolò dell'Abbate verantwortlich. In der Galerie des Sacrifices sind kostbare Wandmalereien, in der Salle des Césars die Porträts der ersten zwölf römischen Herrscher zu bewundern. Das ehemalige Schlafgemach Ludwigs XIV. ist ganz in Rot, Blau und Gold gehalten. Die Salle Diana beherbergt die prachtvollen Wandmalereien *Aktäon überrascht Diana beim Baden* und das *Paris-Urteil*. Die Salle de Judith schmückt ein Bilderzyklus mit einer Darstellung der Taten jener Frau, die Holofernes enthauptete, um ihr Volk zu retten. Bemerkenswert ist darüber hinaus die der heiligen Cäcilia geweihte und mit einer Trompe-l'œil-Darstellung der zwölf Apostel ausgestattete Kapelle.

An das Renaissanceschloß grenzt ein nach Entwürfen von André Le Nôtre gestalteter Park aus dem 17. Jahrhundert an, der 1761 um einen Gartenpavillon ergänzt und im 19. Jahrhundert auf seine jetzige Größe von fünfzig Hektar erweitert wurde. Heute kann man unter schattenspendenden Linden an Rasen- und Wasserflächen entlangschlendern und die beschauliche Atmosphäre genießen – um dann vielleicht zur Pfarrkirche zu spazieren, deren Chor aus dem 12. Jahrhundert stammt.

Ancy-le-Franc ist ein lebendiges Beispiel dafür, daß der französische Adel – anders als beispielsweise der englische – in den Ortschaften selbst oder zumindest in deren Nähe (und nicht weit draußen auf dem Lande) zu residieren pflegte.

OBEN: Jeden Donnerstag findet in Ancy-le-Franc unweit des mächtigen Renaissanceschlosses der Wochenmarkt statt – eine Gelegenheit nicht nur zum Einkaufen, sondern auch zum Plaudern.

RECHTS OBEN: Fußballspielende Jungen vor dem eindrucksvollen Westportal der Pfarrkirche mit ihrer Fensterrose.
RECHTS UNTEN: Bepackt mit Einkäufen vom Markt, begibt sich dieser Mann auf den Nachhauseweg.

22

OBEN: Das Château von Ancy-le-Franc, hier von Norden gesehen, ist eines der wenigen französischen Schlösser im Stil der italienischen Renaissance. Es wurde nach Plänen des Bologneser Baumeisters Sebastiano Serlio ab Mitte des 16. Jahrhunderts errichtet. Lukarnen rhythmisieren das steile Dach. Die strenge Rechteckform des Bauwerks wird durch Ecktürme betont.

UNTEN: *Der größte Raum des Schlosses ist die Salle des Gardes, die 1580 zu Ehren Heinrichs III., des letzten Valois-Königs, prunkvoll ausgestaltet wurde. Sie diente später eine Zeitlang als Schloßtheater.*

LINKS: *Die Wandbilder der Galerie de la Pharsale zeigen Szenen aus der Schlacht bei Pharsalos (48 v.Chr.), in der Gnaeus Pompejus Magnus dem Heer Julius Cäsars unterlag und nach Ägypten fliehen mußte. Ob die Bilder von Niccolò dell'Abbate oder Paolo Uccello stammen, ist ungeklärt.*

4

LINKS: Ein Balkon mit kunstvollem schmiedeeisernem Gitter in Ancy-le-Franc.
OBEN: Das Dörfchen Nuits liegt, wie auch Ancy-le-Franc, im Tal des Armançon. Ein Obelisk auf der Brücke, die den Fluß seit 1740 überspannt, markiert die frühere Grenze zwischen Burgund und der Champagne. Sehenswert sind die Kirche und das von einem Park umgebene Schloß.

Cerisiers

Von der Vergangenheit dieses Dorfes im Sens-Tal an der alten Römerstraße zwischen Sens und Avrolles zeugen die Überreste seiner Befestigungsanlagen sowie ein elegantes Gebäude an der Place de l'Hôtel de Ville. Es wurde im 12. Jahrhundert von den Rittern des Templerordens errichtet. Das Rathaus selbst stammt aus dem Jahr 1830.

Die Hauptattraktion von Cerisiers ist zweifellos die Kirche Saint-Jean-Baptiste, mit deren Bau im 12. Jahrhundert begonnen wurde. Das südliche Seitenschiff endet in einer halbrunden Apsis. Auch lohnt ein Blick zu den Deckengewölben. Das Gotteshaus beherbergt ein Grabmal aus dem 13. und eine Pietà aus dem 16. Jahrhundert. Das Chordach wird von Karyatiden getragen. Über dem romanischen Portal wacht eine Statue des Schutzheiligen.

Cerisiers liegt inmitten von Wäldern, so daß es nicht verwundert, daß sich der Ort zu einem Zentrum der Parkettindustrie entwickelt hat. Im Ortskern stehen prachtvolle Platanen.

Südöstlich von Cerisiers liegt das zauberhafte Dörfchen Brienon-sur-Armançon an den Ufern des Armançon und des Canal de Bourgogne. Hier starb im Jahr 623 der heilige Lupus, seines Zeichens Bischof von Sens. Die ehemalige Kollegiatskirche trug einst seinen Namen. Heute steht an ihrer Stelle ein Renaissancebau aus dem späten 16. Jahrhundert mit Lettner, Chor und Wandelgang aus derselben Bauperiode. Auch die steinerne Statue der Marienkrönung entstand im 16. Jahrhundert. Die Buntglasfenster wurden im 17. Jahrhundert eingesetzt. Nach mehreren Bränden im 18. Jahrhundert mußten der Westturm und das Portal grundlegend restauriert werden.

Brienon-sur-Armançon lädt zum Spazierengehen auf schattigen Lindenalleen ein. Der Weg führt vorbei an alten Häusern mit Weinkellern, einem Waschplatz aus dem 17. und einem Kornspeicher aus dem 18. Jahrhundert. Wie auch in Cerisiers wird in Brienon-sur-Armançon das Holz aus den umliegenden Wäldern verarbeitet.

OBEN: Eine bröckelige, aber immer noch stabile Mauer in Cerisiers schirmt das Haus dahinter vor neugierigen Blicken ab. RECHTS: Wie malerisch Cerisiers am Fuße eines sanft ansteigenden, teilweise bewaldeten Hügels liegt, erschließt sich dem Betrachter am besten von Westen. Unweit des Rathauses reckt sich der massive Kirchturm gen Himmel.

FOLGENDE DOPPELSEITE: Die alten, teils schon recht mitgenommen wirkenden Dorfhäuser haben einen eigenen Reiz. Außerhalb des Ortes locken Spazierwege und Aussichtspunkte.

ELECTRIC'RADIO
50

Chablis

Für Weinkenner ist die wichtigste Adresse in Chablis das Maison de la Vigne, kommen von dort doch die berühmtesten Weißweine der Welt. Aber nicht nur der Wein hat das Städtchen geprägt. Im Jahr 867 gelangten Mönche auf der Flucht vor den Normannen mit den Reliquien ihres Schutzpatrons Martin von Tours in diese Gegend Burgunds, und Karl der Kahle überließ ihnen ein Stück Land, auf dem sie ein Kloster erbauten. Im Laufe der Zeit entstand um die Klosteranlage herum ein Dorf: Chablis. Trotz zweier Schutzwälle, deren innerer aus dem Jahr 1403 immerhin mit 29 Türmen und drei Toren aufwartete, gelang es den Hugenotten im Jahr 1568, Chablis einzunehmen und größtenteils niederzubrennen.

1940 fielen zahlreiche alte Fachwerkhäuser im Ortskern einem Bombenangriff zum Opfer. Dennoch blieb ein großer Teil der Bausubstanz aus dem 15. und 16. Jahrhundert erhalten. Bei einem Spaziergang durch die malerischen engen Gassen kann der Besucher die alten Häuser und die Überreste der alten Befestigungsanlagen, darunter die Porte de Noël mit ihren beiden Türmen, bewundern.

Die frühgotische Kirche Saint-Martin wurde ab etwa 1212 auf den Trümmern der ehemaligen Klosterkirche errichtet, beginnend mit dem dreigeschossigen Umgangschor im Osten. Noch im 13. Jahrhundert wurde der Bau abgeschlossen. Aus dieser Zeit stammen auch einige der Statuen in seinem Innern. Im 16. Jahrhundert kam das Chorgestühl mit Miserikordien hinzu. Die Gemälde – darunter eine Pierre Mignard zugeschriebene Darstellung vom Tod des heiligen Joseph – datieren überwiegend aus dem 17. Jahrhundert. Das eindrucksvolle alte Portal wurde im 19. Jahrhundert restauriert.

Auch das nahegelegene Épineuil, ein typisches Winzerdorf, das sich an einen Hang schmiegt, wartet mit einer schönen Kirche auf, die ihr heutiges Aussehen zwischen dem 12. und dem 16. Jahrhundert erhielt. Nördlich von Chablis liegt Maligny mit seinem sehenswerten Schloß, einer alten Markthalle sowie einem Gotteshaus aus dem 12. Jahrhundert mit Buntglasfenstern aus dem 16. Jahrhundert.

LINKS OBEN: Die auf den ersten Blick eher unauffällig wirkenden Gassen von Chablis beeindrucken bei genauerem Hinsehen durch ihre architektonische Harmonie.
LINKS UNTEN: Wohnhäuser im Schatten der Porte de Noël.

OBEN: Wohl nicht zuletzt wegen seiner Lage am Serein gründete Martin von Tours im 9. Jahrhundert in Chablis eine Abtei. Den Mönchen oblag es, im Namen sowohl ihres kirchlichen als auch ihres weltlichen Herrn Recht zu sprechen.

UNTEN: Ein Winzer aus Chablis bei der Arbeit im Weinberg. RECHTS: Im Frühling, wenn die Reben, aus deren Trauben der Chablis Grand Cru gekeltert wird, erst spärlich belaubt sind, treten die Konturen der hügeligen Landschaft deutlich hervor.

OBEN: Durch diesen Torbogen aus grob behauenen Steinen gelangt man in den Ortskern von Chablis. Nicht nur das alte Bauwerk, auch das angrenzende Wohnhaus ist eher sparsam mit Fenstern ausgestattet: Über Jahrhunderte spielte der Sicherheitsaspekt bei der architektonischen Gestaltung von Gebäuden eine herausragende Rolle. Den Wohntrakt erreicht man über eine Außentreppe; die Räume im Parterre dienen zum Lagern von Wein.

Châtel-Censoir

Das inmitten von Wäldern gelegene Dorf verdankt seine Existenz einem Bischof namens Censure (Germanus) aus Auxerre, der im 5. Jahrhundert lebte und später heiliggesprochen wurde. Er ließ unweit des Flusses Yonne eine Kirche erbauen, in der Stiftsherren den Chordienst versahen. Wie man später herausfand, hatte sich an dieser Stelle einst eine bronzezeitliche Siedlung mit einem heidnischen Tempel befunden. Châtel-Censoirs heutige Kirche Saint-Potentien wurde im 11. Jahrhundert errichtet. Aus dieser ersten Bauphase stammt auch der wunderschöne romanische Chor mit seiner kunstvollen Kapitellplastik mit Pflanzen- und Tiermotiven. Darüber hinaus zeugen der Kapitelsaal aus dem 12. und die Krypta aus dem 13. Jahrhundert vom Können mittelalterlicher Bauleute. Nach einem Brand wurde die Kirche rund dreihundert Jahre später fast vollständig umgebaut; der quadratische Turm entstand 1541. Ebenfalls aus dem 16. Jahrhundert stammen die Skulpturen der heiligen Maria und Anna sowie eine plastische Darstellung des letzten Abendmahls, die im Kircheninnern zu sehen sind. Dank der Reliquien des heiligen Potentinus war Châtel-Censoir bis zur Französischen Revolution ein bedeutender Wallfahrtsort.

Früher wurde das Dorf von einem Schloß überragt, das inzwischen fast gänzlich verfallen ist. Nur ein paar Mauerreste und ein Turm zeugen von seiner einstigen Pracht.

Wer einen Einblick ins Alltagsleben der Einheimischen gewinnen möchte, sollte den Wochenmarkt, der jeden Donnerstag auf dem Dorfplatz stattfindet, nicht versäumen. Als Ausflugsziel bietet sich das zehn Kilometer weiter nördlich im Yonne-Tal gelegene Dorf Mailly-le-Château an. Seine Festungsruine aus dem 15. und die gotische Kirche Saint-Adrien aus dem 13. Jahrhundert sind ausgesprochen sehenswert.

DIESE DOPPELSEITE: Beschauliche Dorfläden, vor denen man gern verweilt, alte Gemäuer und malerische Sträßchen prägen das Bild von Châtel-Censoir ebenso wie vornehme, elegante Häuser. Zwar wurden große Teile des alten Ortskerns während der Religionskriege im 16. Jahrhundert zerstört, doch die Bewohner ruhten nicht eher, als bis sie diese „ländliche Perle Burgunds" wieder aufgebaut hatten.

OBEN: Wasser ist in Châtel-Censoir allgegenwärtig. Hier ein schöner altertümlicher Brunnen, aus dem die Bewohner des dahinterliegenden Hauses früher Wasser schöpften.

OBEN: Dieses Wohnhaus mit geschlossenen Fensterläden hinter einer Mauer mit hohem Tor mutet geheimnisvoll an.

LINKS: Über ausgewaschene Steinstufen gelangt man durch ein Tor in der Stadtmauer in eine verschwiegene Gasse, die sanft ansteigend zur Kirche Saint-Potentien führt.

Montréal

Das mittelalterliche Montréal hat, wie zum Glück viele burgundische Dörfer, seinen ursprünglichen Charakter bewahrt. Doch es bietet nicht nur Kunstschätze, sondern auch herrliche Ausblicke auf die Ufer des Serein. Die schmalen, teils steil ansteigenden Gassen sind von Häusern aus dem 14. bis 17. Jahrhundert gesäumt, deren Treppenaufgänge z.T. außen liegen. Zwei mittelalterliche Stadttore – die Porte d'En-Haut und die Porte d'En-Bas – zeugen von Montréals Vergangenheit als Festung.

Das Dorf war Schauplatz zahlreicher historischer Ereignisse. So soll Königin Brunhilde (Brunichilde), die Gemahlin Sigiberts I. von Austrien, die eine Zeitlang über das gesamte Merowingerreich herrschte, im 6. Jahrhundert dort gelebt haben. Im Jahr 883 nahmen die Normannen die Festung ein, 1291 wurde Montréal Burgund angegliedert, und 1348 trafen dort Graf Amadeus von Savoyen und Herzog Odo V. von Burgund zusammen, um ein Bündnis zu schließen. Zwölf Jahre später unterstand Montréal König Eduard III. von England. Auch in den folgenden Jahrhunderten erlebte der Ort ein wechselvolles Schicksal. Im 16./17. Jahrhundert ordnete Heinrich IV. die Zerstörung der Burg an.

Im 11. Jahrhundert gründeten die Augustiner in Montréal eine Priorei. Vermutlich an derselben Stelle wie die ehemalige Kirche wurde die heutige Pfarrkirche Notre-Dame errichtet, die zu den ältesten gotischen Kirchen Burgunds gehört. Im 19. Jahrhundert wurde sie von Viollet-le-Duc restauriert. Über dem doppeltürigen Westportal befindet sich eine Fensterrose. Das Innere birgt zahlreiche Kostbarkeiten, u.a. einen steinernen Bischofsthron aus dem 12. Jahrhundert, ein Altarretabel aus Holz (16. Jahrhundert) und einen vielfigurigen Alabasteraltar aus Nottingham mit der Darstellung des Marienlebens (15. Jahrhundert). Sehenswert ist auch das Chorgestühl aus Eichenholz (1522) mit figurenreichen Schnitzereien. Seine Schöpfer – angeblich die Brüder Rigoley aus Nuits-sous-Ravières – gestalteten neben weltlichen auch biblische Motive. Besonders eindrucksvoll ist die Darstellung des Jordans, der bei der Taufe Jesu dessen Füße und die Johannes' des Täufers umspült. Zwei fröhliche Zecher erinnern den Betrachter daran, daß er sich in einer Weinregion befindet.

Wer sich Montréal von Süden nähert, sieht das Dorf inmitten von Wiesen und Feldern auf einem Hügel liegen. Obgleich es in den vergangenen Jahrhunderten mehrfach Angriffen ausgesetzt war, hat es sein mittelalterliches Flair bis heute bewahrt.

OBEN: Wehrhaft wie eh und je wirken die mächtigen Befestigungsanlagen, so, als müßten sie die malerischen Gassen und ihre Bewohner noch heute vor Eindringlingen schützen.
RECHTS: Das Chorgestühl der Kirche schmücken kunstvolle Schnitzereien; hier zwei fröhliche Zecher.

RECHTS: Die Westfassade der einstigen Kollegiatskirche Notre-Dame aus dem frühen 13. Jahrhundert gilt als Meisterwerk spätromanischer Baukunst. Über dem Stufenportal befindet sich eine schöne Fensterrose.

Noyers

Torbogen, schmucke Wohnhäuser, z.T. mit glasierten Ziegeldächern, Springbrunnen und eine im Flamboyantstil gehaltene Kirche, die zwischen dem 13. und dem frühen 16. Jahrhundert ihr heutiges Aussehen erhielt, bestimmen das Bild des in einer Schleife des Flusses Serein gelegenen Ortes. Neben Renaissancebauten findet man Beispiele klassizistischer Architektur, vor allem aber viele Fachwerkhäuser, z.T. mit Arkaden und oft mit außenliegenden Treppenaufgängen. Welche Rolle der Handel in Noyers spielte und spielt, davon zeugen die Namen der Straßen und Plätze, die sich auf Wein, Salz, Getreide u.a. beziehen: Petite-Étape-aux-Vins, Grenier-à-Sel, Poids-du-Roy und Marché-au-Blé. Letzterer ist von besonders schönen Gebäuden umgeben. Das rote Dach der Pfarrkirche kontrastiert reizvoll mit ihren weißen Mauern.

Im 12. Jahrhundert veranlaßte der Bischof von Auxerre, Hugo von Noyers, den Ausbau der bestehenden baufälligen Burg zu einer mächtigen Festung und ließ um den Ort Schutzwälle anlegen, die mehreren Belagerungen standhielten. Im 16. Jahrhundert war Noyers eine Hochburg der Protestanten. Nachdem 1589 der Hugenotte Heinrich IV. von Navarra den Thron bestiegen hatte, fanden die Hugenottenkriege bald ein Ende. Heinrich ließ große Teile der Befestigungsanlagen der Burg abtragen. Türme und Tore und auch Überreste der Burg selbst sind jedoch erhalten.

Jeden dritten Donnerstag im Monat, wenn der Antikmarkt stattfindet, herrscht in Noyers lebhaftes Treiben. Ebenso am 14. Juli, an dem man der Verleihung von Privilegien im Jahr 1231 gedenkt. Zu Mariä Himmelfahrt am 15. August versammeln sich die Dorfbewohner um eine Statue der Jungfrau Maria, die nicht nur das Jesuskind im Arm hält, sondern auch Trauben – ein Sinnbild sowohl für die Weine der Region als auch für das Blut Christi. Eine weitere Madonnenfigur ziert die Porte de Tonnerre am nördlichen Ortsrand.

OBEN: Wenn mittwochs in Noyers Markt ist, herrscht auf dem Dorfplatz rege Betriebsamkeit. RECHTS: Alte Fachwerkhäuser mit Passagen gewähren immer wieder neue überraschende Durchblicke.

RECHTS OBEN: Die vorspringenden Obergeschosse der alten Fachwerkbauten in den Straßen von Noyers wirken nicht nur malerisch, sondern bieten den Passanten auch Schutz bei Regen.
RECHTS UNTEN: An vielen Häuserfassaden ranken sich Kletterpflanzen aller Art empor.

LINKS: Dafür, daß die Zeit in den alten Gassen von Noyers nicht stillsteht, sorgt das „Modern' Cinema". OBEN: Außer dem Serein durchziehen noch etliche andere Wasserläufe die idyllische Landschaft. An der Mühle in Massangis, einem Nachbarort von Noyers, wurden die Hochwasserstände vergangener Jahre markiert.

Saint-Fargeau

Das Schloß von Saint-Fargeau wurde im 15. Jahrhundert auf den Grundmauern einer Festung aus dem 10. Jahrhundert am Ufer des Loing errichtet und erfuhr bis zum 17. Jahrhundert mehrere Umbauten. Im 16. Jahrhundert leitete François Le Vau, der Bruder des Hofarchitekten Louis Le Vau, die Bauarbeiten. Seine Auftraggeberin war eine Cousine Ludwigs XIV., Anne-Marie-Louise d'Orléans (besser bekannt als Mademoiselle de Montpensier), die ab 1652 in Saint-Fargeau im Exil lebte. Der rechteckige rötliche Backsteinbau mit seinem Schieferdach gilt als eines der schönsten burgundischen Schlösser. Sechs Rundtürme mit Laternen flankieren ihn; der mächtigste ist nach dem Finanzminister und Bankier Karls VII., Jacques Cœur, benannt, der das Anwesen 1450 erwarb. Nachdem er des Giftmordes an Agnès Sorel, der Mätresse des Königs, beschuldigt worden war, mußte er fliehen. Die Schloßkapelle und der Nordwestflügel wurden in den 1720er Jahren angebaut. Im Innenhof sind die Backsteinfassaden aufwendig mit hellem Stein abgesetzt.

Der Schloßgarten, ursprünglich ebenfalls ein Werk Le Vaus, wurde im frühen 19. Jahrhundert zu einem englischen Landschaftspark umgestaltet. Er erstreckt sich rund hundert Hektar weit im Tal des Bourdon und lädt mit seinen Wasserläufen und Hainen (mit Kiefern, Eichen, Tannen, Weiß- und Rotbuchen sowie Linden) zum Spazierengehen ein.

Auch das mittelalterliche Dorf hat einiges zu bieten. Das elegante Rathaus stammt aus dem 17. Jahrhundert und war einst ein Augustinerkonvent. Der Uhrturm diente früher als Stadttor. Sehenswert ist auch die Pfarrkirche Saint-Ferréol aus dem 13. Jahrhundert. Sie beherbergt eine bunt bemalte steinerne Pietà und ein Holztriptychon, auf dem die Passion Jesu dargestellt ist (beides aus dem 15. Jahrhundert). Durch drei Kirchenfenster im Flamboyantstil fällt gedämpftes Licht ins Innere. Richtet man den Blick nach oben, fallen die beeindruckenden Kreuzrippengewölbe ins Auge. An der Westfassade prangt eine schön gestaltete Fensterrose.

UNTEN: Um ins Dorf zu gelangen, benutzten die meisten Besucher früher den Weg durch den Torbogen des Uhrturms. Schon dort ist die außerordentliche architektonische Vielfalt der Häuser zu erahnen.

OBEN: Der Kirchturm von Saint-Ferréol überragt die Häuser an der beschaulichen Rue du Petit-Pont. Dahinter erhebt sich der mächtige Uhrturm aus dem 15. Jahrhundert.

OBEN: Vom Kirchturm aus zeigt sich Saint-Fargeau von seiner schönsten Seite – als reizvolles Puzzle aus Dächern, Mauern, Straßen und Innenhöfen. Das Schloß mit seinen Rundtürmen hebt sich majestätisch daraus hervor.

OBEN: Innerhalb der mächtigen Mauern des hervorragend erhaltenen Schlosses ist die Vergangenheit so präsent, daß man kaum erstaunt wäre, im nächsten Moment eine Kutsche vorfahren zu sehen.

RECHTS: Die gewaltigen Rundtürme betonen den monumentalen Charakter der Schloßanlage.

Treigny

Das Dorf Treigny liegt inmitten des Parc Naturel de Boutissaint. Auf gut vierhundert Hektar Waldfläche kann man dort Dam- und Schwarzwild, Rothirsche, Rehe, Wildschafe, Wisente, Greifvögel und Schwäne in freier Wildbahn beobachten. Der Ort selbst hat – neben herrlichen Ausblicken auf die Puisaye – ebenfalls allerhand Reizvolles zu bieten. In der Prioratskirche Saint-Langeur steht eine sehenswerte Holzskulptur der Jungfrau Maria, der Schutzpatronin der Pilger, aus dem 12. Jahrhundert. Das nahegelegene Château de Ratilly aus gelblichem Sandstein stammt aus dem 13. Jahrhundert und wurde in den folgenden dreihundert Jahren mehrfach erweitert. Trotz Burggraben und Verteidigungsanlagen mit sechs Rundtürmen wirkt der mittelalterliche Komplex eher einladend als bedrohlich.

Die Kirche Saint-Symphorien wird aufgrund ihrer Größe auch als „Kathedrale der Puisaye“ bezeichnet. Das spätgotische Bauwerk mit seinem quadratischen Glockenturm entstand im 15. Jahrhundert. Im frühen 16. Jahrhundert wurde der Chor angebaut. Im Innern ziehen ein Seitenaltar aus der Mitte des 17. Jahrhunderts sowie der monumentale Hochaltar von 1675 den Blick auf sich.

Treigny ist ein Ort mit langer kunsthandwerklicher Tradition. Töpferwaren und Keramik werden dort seit dem 17., Glaswaren bereits seit dem 16. Jahrhundert gefertigt. Das Maison de Chanoine, in dem früher die Chorherren lebten, dient heute als Töpfereimuseum. Sehenswert sind auch die zahlreichen im Stil der Renaissance oder der Gotik erbauten Wohnhäuser aus dem 16. Jahrhundert, die z.T. mit lateinischen oder französischen Inschriften versehen sind.

OBEN: Majestätisch erhebt sich die Kirche Saint-Symphorien auf dem Kirchplatz von Treigny. RECHTS: Wie sehr die Kirche das Dorfbild beherrscht, offenbart sich bei einem Spaziergang durch die Felder südlich des Ortes.

LINKS: Hohe, schmale Fenster mildern die massive Wirkung der Sandsteintürme des Château de Ratilly.

RECHTS: Das Langhaus der „Kathedrale der Puisaye" mit seinem schönen Rippengewölbe stammt aus dem 15. Jahrhundert. Obwohl Chor und Altäre erst im 16. bzw. 17. Jahrhundert ergänzt wurden, wirkt der Kirchenraum harmonisch.

Vézelay

Der Galloromer Vitellus gab diesem schmukken, auf einem Hügel gelegenen Ort seinen Namen. Bekannt wurde Vézelay jedoch erst, nachdem Benediktinermönche im 11. Jahrhundert in den Besitz von Reliquien Maria Magdalenas gekommen waren und oberhalb des Flusses Cure, im Schutz der Hügel, ein Kloster errichtet hatten. Das gewaltige Bauwerk hielt etlichen Angriffen der Normannen stand, und Vézelay entwickelte sich zu einem der berühmtesten Wallfahrtsorte des Abendlandes.

Das Dorf um das Kloster wuchs rasch, nicht zuletzt, um den immer zahlreicher herbeiströmenden Pilgern Obdach bieten zu können. Häufig wurden die Wallfahrer in den Kellern der Häuser beherbergt. Sofern sie erhalten sind, zeugen diese Keller noch heute vom Rang romanischer Profanarchitektur. Als Bernhard von Clairvaux im Jahr 1146 in Vézelay zum Zweiten Kreuzzug aufrief, gewann der Ort weiter an Bedeutung. Später brachen von dort die Heere von Richard Löwenherz und König Philipp II. August zum Dritten Kreuzzug auf.

Als in Saint-Maximin in der Provence ebenfalls Gebeine Maria Magdalenas auftauchten, begann der Niedergang Vézelays. Der Hundertjährige Krieg, die Religionskriege und die Französische Revolution trugen das Ihre dazu bei. Die Klosteranlage wurde bis auf das Kapitelhaus und die Basilika Sainte-Madelaine zerstört. Diese beherbergt zwei der bedeutendsten Kunstschätze Burgunds: das kostbare Tympanon, das die Aussendung der Apostel zeigt, und die kunstvollen Kapitelle der Langhaussäulen. Auf Drängen Prosper Mérimées bewilligten die Behörden Mitte des 19. Jahrhunderts endlich die finanziellen Mittel für den Wiederaufbau des Klosters; die Bauleitung übertrugen sie Viollet-le-Duc.

Heute offenbart sich dem Besucher Vézelays nicht nur das Gotteshaus in alter Pracht, auch die vielen schmucken Wohnhäuser aus dem 13. bis 18. Jahrhundert, in denen früher Geistliche, Bürger, Winzer und Arbeiter lebten und deren Mauern in allen Schattierungen zwischen Ockerfarben und Weiß leuchten, sind eine Augenweide. Viele der zumeist steilen Dächer sind mit den für Burgund typischen farbigen Ziegeln gedeckt.

DIESE UND FOLGENDE DOPPELSEITE: Vézelay bietet von allem etwas – imposante Türme, mittelalterliche Häuser mit Außentreppen, hübsche Brunnen und altertümliche Weinkeller. Die architektonische Vielfalt der Bauwerke erschließt sich Besuchern am besten bei einem Bummel durch den Ort: Neben unzugänglich wirkenden Steinhäusern findet man farbenfroh getünchte Gebäude, Stadttore und Wälle – unterbrochen von kleinen grünen Oasen.

LINKS: Vom Tal aus hat man einen herrlichen Blick auf Vézelays Abteikirche Sainte-Madeleine mit ihren beiden Türmen.

OBEN: Unterhalb des Ortes liegt Saint-Père-sous-Vézelay, dessen Geschichte eng mit der Vézelays verflochten ist. Die Kirche Notre-Dame, ein Wunderwerk gotischer Baukunst, und die alten Häuser an der Cure verleihen diesem Dörfchen einen ganz eigenen Charme.

Villeneuve-l'Archevêque

Zu Beginn des 12. Jahrhunderts errichtete der damalige Graf der Champagne eine Festungsanlage und nannte sie nach ihrer Lage am Ufer der Vanne Villeneuve-sur-Vanne. 1172 gelangte das Dorf in den Besitz des Erzbischofs Guillaume aux Blanches Mains, eines Bruders des Grafen, und kam so zu seinem heutigen Namen. (*Archevêque* ist das französische Wort für „Erzbischof".) Die Verteidigungsanlagen wurden im Hundertjährigen Krieg und während der Religionskriege des 16. Jahrhunderts zerstört; an ihrer Stelle laden heute schattige Wege zum Spazierengehen ein.

Das Schmuckstück des Dorfes ist die Kirche Notre-Dame, deren Bau im 12. Jahrhundert begonnen und im 17. vollendet wurde. Das reichverzierte Westportal, das Tympanon mit der Marienkrönung und das Kirchenschiff stammen aus dem 13. Jahrhundert. Die Säulenkapitelle im Innern sind mit Blattwerk und Fabeltieren geschmückt. In der komplexen Renaissance-Apsis befindet sich eine Grablegung Jesu von 1528, die früher zu den Kirchenschätzen der Abtei von Vauluisant gehörte. Zu den jüngeren Einbauten gehört auch der Hochaltar aus dem späten 17. Jahrhundert.

Notre-Dame kann sogar mit einem bedeutenden Ereignis der Kirchengeschichte aufwarten: Hier nahm Ludwig IX. („der Heilige" genannt) im 13. Jahrhundert aus den Händen der Venezier die angebliche Dornenkrone Jesu entgegen. Er ließ sie nach Paris bringen und dort die Sainte-Chapelle als ihren steinernen Schrein errichten. In Villeneuve-l'Archevêque erinnert eine Nachbildung der Dornenkrone an das denkwürdige Ereignis.

DIESE DOPPELSEITE: Für seine bescheidene Größe hat Villeneuve-l'Archevêque ungewöhnlich großzügige Gebäude vorzuweisen. Sie säumen schachbrettartig verlaufende Straßen, über die man bei Gefahr rasch die Festungsanlagen erreichen konnte. Im 12. und 13. Jahrhundert war eine solche Dorfform gang und gäbe, zumal wenn von außen immer wieder Gefahr drohte. Der Gründer von Villeneuve-l'Archevêque, der Graf der Champagne, trug dessen exponierter Lage im äußersten Westen Burgunds Rechnung, indem er besonders massive Wehranlagen errichten ließ.

LINKS: *Die imposante Kirche, die zwischen dem 12. und 16. Jahrhundert entstand, beherbergt außergewöhnliche Kleinodien: Grabmale (das älteste aus dem 13. Jahrhundert), Steinstatuen aus dem 16. und einen Lettner aus dem 18. Jahrhundert.*

RECHTS: *Am Sonntagabend trifft man sich vor der Kirche zum Boulespiel.*

DIESE DOPPELSEITE: Im nahegelegenen Weinort Brienon-sur-Armançon verleihen Dachhäuschen und -erker den Häusern ein besonderes Flair. Viele von ihnen – wie natürlich auch das Schloß – haben Gewölbekeller, in denen Wein gelagert wird. Die frühere Kollegiatskirche Saint-Loup (rechts) wurde größtenteils im späten 16. Jahrhundert erbaut.

Villeneuve-sur-Yonne

Das mittelalterliche Städtchen Villeneuve-sur-Yonne wurde im Jahr 1163 von Ludwig VII. gegründet. Er wollte dort königstreue Familien ansiedeln, die ihn im Kampf gegen Thibault II. de Champagne unterstützen sollten. Von den alten Wehranlagen sind Teile erhalten, so die Porte de Sens aus dem 13. Jahrhundert, in der heute ein archäologisches Museum untergebracht ist, die Porte de Joigny, die im 16. Jahrhundert verstärkt wurde, drei Türme sowie Reste des Schutzwalls. Trotz seiner massiven Befestigungen wurde Villeneuve-sur-Yonne mehrfach eingenommen, etwa 1420 von den Engländern und 1594 von den Hugenotten.

Einige der vielen Fachwerkhäuser des Ortes aus dem 15. und 16. Jahrhundert betritt man noch heute durch Renaissance-Eingänge. Dem aufmerksamen Betrachter werden auch die Bauten aus dem 18. Jahrhundert nicht entgehen, beispielsweise das ehemalige Postamt (das sogenannte „Haus der sieben Häupter"). Über die Yonne spannt sich eine Brücke aus dem 13. Jahrhundert mit insgesamt 14 Bögen, von denen elf original gotisch sind.

Daß bereits lange vor der Stadtgründung durch Ludwig VII. Menschen in der Gegend um Villeneuve-sur-Yonne lebten, beweisen der Menhir von La Pierre-Fritte, ein altes Römerlager bei Camp du Château und die Relikte der links der Yonne von Sens nach Auxerre verlaufenden Römerstraße.

Die gotische Pfarrkirche Notre-Dame hat prachtvolle Buntglasfenster aus dem 13. bis 16. Jahrhundert. Ihre Innenausstattung sowie der Skulpturenschmuck datieren aus dem 14. bis 16. Jahrhundert. Zu den ältesten Teilen gehört der Chor (Mitte 13. Jahrhundert). Das Kirchenschiff entstand ein Jahrhundert später, die schöne Fassade während der Renaissance.

RECHTS: Von der Rue Joseph-Joubert (die an den großen Moralisten und Freund Chateaubriands erinnert) blickt man auf die Renaissance-Westfassade von Notre-Dame, eine architektonische Meisterleistung des Baumeisters Jean Chéreau von 1575. In den säulengefaßten Nischen standen einst Statuen, die vermutlich von den hugenottischen Eroberern zerstört wurden.

RECHTS: Die massiven Strebepfeiler der Nordwestfassade der gotischen Kirche Notre-Dame, die einen überwältigenden Anblick bietet.

LINKS OBEN: Vom Westufer der Yonne aus hat man einen schönen Blick auf den Ort und die Brücke aus dem 13. Jahrhundert. Der mächtige Kirchturm von Notre-Dame dominiert die Szenerie.
LINKS UNTEN: Die Yonne, vom Boulevard É. Peynot aus aufgenommen.

Früher betrat man Villeneuve-sur-Yonne durch eines der zwei eindrucksvollen Stadttore.
LINKS: Die Porte de Joigny erhielt im 16. Jahrhundert quadratische Ecktürme. Sie beherbergt ein heimatkundliches Museum, in dem auch Kunstwerke aus dem 19. und 20. Jahrhundert präsentiert werden.
OBEN: Die Porte de Sens, von der Rue Carnot aus gesehen.

Romanische Baukunst in Burgund

Rundbogen, Tonnengewölbe, halbrunde und polygonale Apsiden, mächtige, schlicht gehaltene Pfeiler, herrliche Kapitellplastik, Türme mit Blendarkaden und Kapellenkränze – all dies charakterisiert die romanischen Sakralbauten Burgunds, die ein kirchen- wie kunsthistorisch unvergleichliches Erbe darstellen. Ihre Erbauer ließen sich insbesondere von den beiden Abteien in Tournus und Cluny inspirieren.

Die Abteikirche Saint-Philibert in Tournus verdankt ihre Existenz den Mönchen von Noirmoutier, die im frühen 11. Jahrhundert vor den Normannen ostwärts flohen. Mitte des 12. Jahrhunderts hatten sie bereits eine prachtvolle Kirche erbaut, in der sie die mitgebrachten Reliquien ihres Ordensgründers, des heiligen Philibert, bestatteten. Der Vierungsturm und der später errichtete Nordturm sind weithin zu sehen.

In der Romanik wurden Klöster so konzipiert, daß sie die umgebende Landschaft dominierten. In Anzy-le-Duc erhebt sich über dem Gotteshaus mit dreifach gestaffelten Apsiden, deren mittlere sich zu einer kleinen Kapelle verlängert, ein achteckiger Vierungsturm mit drei Geschossen und Doppelfenstern unter Rundbogenblenden.

Von der großartigen Abteikirche Saints-Pierre-et-Paul in Cluny sind nur der Glockenturm und Teile des Querschiffs erhalten. Das Kloster wurde im Jahr 910 gegründet. Während seiner Blütezeit im 12. Jahrhundert unterstanden ihm mehr als tausend Abteien und an die zehntausend Mönche. Zwischen 1088 und 1109 ließ Hugo von Semur, damals Abt von Cluny, eine Klosterkirche erbauen, die mit einer Länge von 187 und einer lichten Höhe von rund dreißig Metern der Bedeutung der Abtei Rechnung trug. 1789 erklärte die Nationalversammlung die Abtei zum Staatseigentum; wenige Jahre später wurde sie an einen Unternehmer aus Mâcon verkauft und diente fortan als Steinbruch für den Straßen- und Kanalbau. Die Überreste, insbesondere der Glockenturm mit seinen nach oben zunehmend filigraneren Fensteröffnungen, sind eindrucksvolle Zeugnisse des romanischen Baustils.

Ein weiteres Meisterwerk nach cluniazensischem Vorbild ist die Basilika Saint-Andoche in Saulieu. Das aus dem frühen 12. Jahrhundert stammende Gotteshaus ist nach einem griechischen Priester namens

LINKS: Die Abteikirche von Cluny ist nur in Teilen erhalten; von ihrer einstigen Größe und Bedeutung zeugt der kunstvolle achteckige Glockenturm.

RECHTS: Das Hauptportal der Abteikirche Sainte-Madeleine in Vézelay krönt ein großartiges Tympanon, das die Aussendung der Apostel zeigt.

Links: Schlicht und doch atemberaubend schön wirkt die Kirche Saint-Philibert in Tournus mit ihren von mächtigen Pfeilern getragenen Rundbögen.

Oben links und rechts: Die Basilika Sacré-Cœur in Paray-le-Monial stammt aus dem 12. Jahrhundert. Zwei massive quadratische Türme flankieren den Eingang zur Vorhalle. Über der Vierung erhebt sich ein achteckiger Turm. Unten: Das Tympanon des Hauptportals der Kathedrale Saint-Lazare in Autun zeigt Christus als Weltenrichter mit den Verdammten zu seiner Linken und den Erlösten zu seiner Rechten. Der Schöpfer dieses weltberühmten romanischen Reliefs hat sich unterhalb der Christusfigur mit den Worten „GISLEBERTUS HOC FECIT“ („Dies schuf Gislebertus“) verewigt. Sein Stil prägt viele Plastiken dieser Kirche.

Andochius benannt, der im 2. Jahrhundert in Saulieu den Märtyrertod starb und in der Krypta bestattet ist. Der Bogen über dem eindrucksvollen Portal wird von zwei unterschiedlich gestalteten romanischen Säulen getragen. Zwei rechteckige Türme (einer davon mit einer Bleikuppel aus dem 18. Jahrhundert) flankieren die Fassade. Besondere Aufmerksamkeit verdienen die figuralen Halbsäulenkapitelle des romanischen Langhauses, auf denen kämpfende Zentauren und Bären, aber auch biblische Szenen dargestellt sind, darunter die Flucht der Heiligen Familie nach Ägypten: Joseph, den Zimmermannshammer in

der Hand, reitet auf einem Esel, während Maria das Jesuskind im Arm hält. Weitere Kapitelle zeigen beispielsweise die Erscheinung Jesu vor Maria Magdalena und den Selbstmord des Judas (mit frohlockenden Teufeln als Zuschauern). Das Chorgestühl stammt aus dem späten 14. Jahrhundert und ist mit biblischen Motiven verziert.

Auch für die im frühen 12. Jahrhundert erbaute Kollegiatskirche von Beaune mit ihrem Umgangschor mit drei Kranzkapellen diente Cluny als Vorbild, und wer Cluny en miniature erleben möchte, sollte die Basilika Sacré-Cœur in Paray-le-Monial besichtigen. Die dem heiligen Lazarus gewidmete Kathedrale von Autun ist wegen ihrer grandiosen Figurenkapitelle (deren Originale z.T. im Kapitelsaal aufbewahrt werden) und dem Gislebertus-Tympanon mit der Darstellung des Jüngsten Gerichts zu Recht weltberühmt. Mit dem Bau der Kirche wurde um 1120 begonnen, und schon 1130 konnte die Weihe vorgenommen werden.

Eines der herausragenden Merkmale romanischer Sakralarchitektur ist das oft großartig gestaltete Tympanon – das Bogenfeld über dem Türsturz des Hauptportals. Der Bogen rahmt gewissermaßen als Fortsetzung der begrenzenden Portalsäulen kunstvolle plastische Darstellungen biblischer Figuren und Heiliger.

Nicht nur Werke aus Stein, auch herrliche Fresken aus romanischer Zeit sind in Burgund erhalten geblieben. Sehenswert sind vor allem die Deckenfresken der Chapelle des Moines in Berzé-la-Ville.

Einer der wenigen romanischen Sakralbauten, die die Revolution unbeschadet überstanden haben, ist die Klosterkirche Notre-Dame in Fontenay mit ihrem schlichten, aber eleganten Kreuzgang.

Figurenkapitelle spielen in der Ikonographie romanischer Kirchen eine bedeutende Rolle. Links oben: Eine Darstellung des Selbstmordes des Judas in Saint-Romain. Links unten: Die erste Versuchung Jesu (Basilika Saint-Andoche in Saulieu).

Rechts: Maria mit dem Jesuskind auf der Flucht nach Ägypten. Diese bildhauerische Arbeit schmückt ein Kapitell der Kathedrale Saint-Lazare in Autun.

Nièvre

Champallement
Moulins-Engilbert
Prémery
Sémelay
Tannay
Varzy

Die Flüsse Nièvre, Yonne, Loire und Cure, mehrere Kanäle sowie kleinere Wasserläufe prägen das Landschaftsbild im dünnbevölkerten Departement Nièvre ebenso wie Berge, Täler, Seen und Weinhänge. In den ausgedehnten Wäldern wachsen Eichen, Lärchen, Rotbuchen, Fichten und Weißbirken. Zu Nièvre gehört ein großer Teil des weitläufigen Naturparks Morvan. Die Gegend ist für ihre Keramik bekannt, die dort seit Jahrhunderten hergestellt wird. Ammen aus dem Morvan genossen im 19. Jahrhundert bei Pariser Adelsfamilien einen guten Ruf.

Im äußersten Nordwesten des Naturparks liegt Vézelay mit seiner berühmten Abteikirche, am südöstlichen Ende, an das Departement Saône-et-Loire grenzend, das Dorf Saint-Léger-sous-Beuvray. In unmittelbarer Nähe erhebt sich der 821 Meter hohe Mont Beuvray, der bis ins 4. Jahrhundert, als der heilige Martin von Tours die Region christianisierte, ein Zentrum heidnischer Kulte war. Auf dem Mont Beuvray selbst wurden Überreste eines vorrömischen Oppidums freigelegt, das vom Stamm der Häduer erbaut wurde.

Auf einem der Hügel des Morvan liegt Château-Chinon, ebenfalls ein Ort, der von Burgunds keltischer Vergangenheit zeugt. Auch dort befand sich einst ein gallisches Oppidum. Château-Chinon verdankt seinen Namen einer mittelalterlichen Festung und spielte eine wichtige Rolle als Zwischenstation auf dem Handelsweg zwischen Autun und Nevers. Von der Festung ist lediglich die Porte Notre-Dame erhalten. Die Wehranlagen wurden beim Kampf der Armagnaken (Söldner des Grafen von Armagnac) gegen die Burgunder bis auf zwei Rundtürme zerstört. Während der Religionskriege, im Jahr 1591, plünderten Truppen des Herzogs von Nevers Château-Chinon.

Der heutige Besucher findet eine hübsche Kleinstadt in reizvoller Umgebung vor, die sich als Ausgangspunkt für Ausflüge zum Mont Beuvray und zum Haut-Folin sowie zu den Seen Lac des Settons und Lac de Pannesière-Chaumard im Morvan anbietet.

Naturfreunde kommen im Departement Nièvre mit seiner abwechslungsreichen Landschaft in jeder Hinsicht auf ihre Kosten. Wer gern Boot fährt, dem bietet der romantische Canal du Nivernais, der nach über fünfzigjähriger Bauzeit 1843 fertiggestellt wurde und die Seine mit der Loire verbindet, ein reizvolles Betätigungsfeld.

Von der Vielzahl romanischer Kirchen seien hier nur zwei erwähnt: die Pfarrkirche von Saint-Parize-le-Châtel und die Klosterkirche Saint-Croix-Notre-Dame in La Charité-sur-Loire, die der Abtei von Cluny unterstand. Zum Klosterkomplex in La Charité-sur-Loire gehören ferner Kreuzgänge, Kapitelsaal, Refektorium sowie ein großer Keller.

Meisterwerke gotischer Sakralarchitektur sind in Saint-Amand-en-Puisaye, Varzy und Prémery zu bewundern. Im Mittelalter und zur Zeit des Hundertjährigen Krieges entstanden zahlreiche Festungen, von denen etliche in späteren Jahren zu Wohnstätten für den Adel umgebaut wurden. So auch das Renaissanceschloß in Saint-Amand-en-Puisaye, ein Backsteinbau aus dem 16. Jahrhundert auf den Grundmauern einer mittelalterlichen Festung.

In dem schmalen Landstrich zwischen Loire und Allier werden die weißen Charolais-Rinder gezüchtet, deren saftiges Fleisch man nicht nur in der Region schätzt. Und nicht zuletzt prägt der Weinbau den Charakter des Departements. Die berühmtesten Weine werden in der Umgebung von Pouilly-sur-Loire gekeltert.

Vorhergehende Doppelseite (kleines Bild): Ländliche Idylle im hügeligen Morvan bei Saint-Martin-du-Puy.

Vorhergehende Doppelseite (grosses Bild): Die eindrucksvolle Kirche in Saint-Amand-en-Puisaye mit ihrem massiven quadratischen Glockenturm wurde zwischen dem 13. und dem 16. Jahrhundert erbaut.

Rechts: Das reizvolle Renaissanceschloß in Saint-Amand-en-Puisaye, ein Backsteinbau mit Dacherkern und hell abgesetzten Fenstereinfassungen, beherbergt heute ein Keramikmuseum.

Verschlafene Dörfer und unberührte Natur prägen das Landschaftsbild des Departement Nièvre.
OBEN LINKS: Felder bei Saint-Amand-en-Puisaye.
OBEN RECHTS: Ein beliebtes Ausflugsziel ist der Lac de Pannesière-Chaumard nördlich von Château-Chinon.

RECHTS: Stimmungsvolle Landschaft um Saint-Martin-du-Puy.
GANZ RECHTS: Idyllischer Mühlbach in Donzy.

Champallement

Zwischen dem 1. und dem späten 4. Jahrhundert existierte an der Römerstraße zwischen Entrains und Autun ein gallorömisches Lager, dessen Ruinen man in der Nähe von Champallement besichtigen kann: Ein Forum, ein Theater, Wohngebäude, Werkstätten und ein Tempel mit achteckigen Außenmauern und kreisrundem Innenraum zeugen von der Vergangenheit des kleinen Dorfes, das inmitten einer reizvollen Landschaft auf einem felsigen Hügel thront. Vom Dorfplatz, an dem eine Linde an Maximilien de Béthune Sully, den berühmten Minister Heinrichs IV., erinnert, hat man einen herrlichen Blick über den Morvan. Das zweifellos eindrucksvollste Bauwerk in Champallement ist sein Château. Beim Umbau der ehemaligen Burg im 15. Jahrhundert blieben ein Rundturm und der quadratische Hauptbau erhalten.

Die Pfarrkirche von Champallement ist dem heiligen Eustachius gewidmet, dem Schutzpatron der Jäger, die seit Jahrhunderten im nahegelegenen Forêt de Champallement ihrer Passion nachgehen. Das im 11. Jahrhundert begonnene und rund fünfhundert Jahre später vollendete Gotteshaus vereint romanische und gotische Stilelemente: Von dem massiven quadratischen Glockenturm heben sich die filigranen Maßwerkfenster (z.T. mit Flamboyants) deutlich ab. Zu den Kirchenschätzen von Saint-Eustache gehört ein Weihrauchfaß aus dem 16. Jahrhundert. Außerdem sind in der Kirche Ausgrabungsfunde aus gallorömischer Zeit zu sehen.

DIESE DOPPELSEITE: Champallement, dessen Name sich vom lateinischen campus alemannus *ableitet, lädt zum Verweilen und Entspannen ein. Der quadratische Turm der Kirche Saint-Eustache (GANZ RECHTS), deren Bau im 11. Jahrhundert begonnen und im 16. vollendet wurde, ragt hinter dem von Bäumen gesäumten Ufer des Dorfteichs auf.*

FOLGENDE DOPPELSEITE: Das Schloß von Champallement. Es wurde auf den Grundmauern einer mittelalterlichen Festung errichtet.

Weit älter als das Schloß (LINKS) *sind die Überreste eines gallorömischen Lagers in einem nahegelegenen Waldstück, die an Burgunds keltische Vergangenheit erinnern* (RECHTS).

Moulins-Engilbert

„Venedig des Morvan" wird Moulins-Engilbert seiner außergewöhnlichen Lage wegen genannt: Hier fließen Garat und Guignon zusammen, und unweit des Ortes strömt die Dragne vorbei. Den zahlreichen Wassermühlen der Gegend, von denen jedoch nur wenige erhalten sind, verdankt das Dorf den ersten Teil seines Namens. Daß man in den Restaurants dieses von Wasser geradezu umschlossenen Ortes ausgezeichnete Fischgerichte genießen kann, verwundert nicht. Auch ein bedeutender Viehmarkt findet in Moulins-Engilbert statt.

Das Dorf entstand an der Kreuzung zweier Römerstraßen um ein Römerlager namens Eniubertum (davon wurde der zweite Teil des Ortsnamens abgeleitet). Im 15. Jahrhundert ließ der Herzog von Nevers an der Stelle des ehemaligen Lagers ein Schloß errichten – heute eine Ruine, die man durch ein baufälliges Tor aus dem 12. Jahrhundert betritt.

Der Schutzwall, der im 15. und 16. Jahrhundert um den Ort angelegt wurde, ist teilweise erhalten, ebenso das Château de Villains aus dem 14. Jahrhundert mit Pechnasen, Bergfried und Zugbrücke. Mit dem Château de Marry aus dem 16. Jahrhundert besitzt Moulins-Engilbert ein zweites Schloß. Die schmalen Dorfstraßen werden von reizvollen Häusern aus dem 14. bis 16. Jahrhundert gesäumt. Ein Gebäude aus dem 16. Jahrhundert, das zunächst als Salzspeicher diente, wurde später von Ursulinen als Kloster genutzt und diente danach als Krankenhaus. Letzteres ist bis heute erhalten. An der Place Lafayette erinnert ein alter Brunnen an vergangene Zeiten.

Die spätgotische Pfarrkirche Saint-Jean-Baptiste mit ihren prachtvollen Buntglasfenstern wurde im 16. Jahrhundert nach einem Brand auf den Überresten einer Kirche aus dem 11. Jahrhundert errichtet. Allein die Krypta aus dem 14. Jahrhundert blieb von den Flammen verschont. Der quadratische Glokkenturm hat ein spitz aufragendes Dach. Von beeindruckender Schönheit ist die gotische Kanzel.

Sehenswert ist auch die romanische Kirche des wenige Kilometer südwestlich gelegenen Weilers Commagny, die auf Veranlassung der Benediktiner von Autun erbaut wurde.

OBEN UND FOLGENDE DOPPELSEITE: Für die Besichtigung von Moulins-Engilbert mit seinen schmukken Häusern, der schönen Kirche und seinen zahlreichen Mühlbächen sollte man sich viel Zeit nehmen.

RECHTS: Von der Rue des Fosses hat man einen wunderschönen Blick auf den imposanten Turm der Kirche Saint-Jean-Baptiste, deren Ursprünge ins 11. Jahrhundert zurückreichen.

LINKS: Über dem schlichten Portal des spätgotischen Gotteshauses Saint-Jean-Baptiste prangt ein Kirchenfenster im Flamboyantstil, das einen reizvollen Kontrast zum wuchtigen Glockenturm bildet.

UNTEN: Die Rue Saint-Antoine, eine beschauliche Gasse in Moulins-Engilbert.

Prémery

Diese bezaubernde, am Ufer der Nièvre gelegene Ortschaft ist weit älter, als es den Anschein hat. Ihr Name leitet sich von zwei keltischen Wörtern ab: von *prema* (nahe bei) und *ry* (Fluß).

Im 14. Jahrhundert ließen die Bischöfe von Nevers, Prémerys kirchliche und weltliche Herren, eine Festung errichten, die im 17. Jahrhundert zu einer Sommerresidenz umgestaltet wurde. Ein großer Teil der Anlage ist noch erhalten: ein imposanter Rundturm und ein befestigtes Tor aus dem 14. Jahrhundert, polygonale Türme aus dem 15. Jahrhundert sowie Wohntrakte mit vorspringenden Obergeschossen.

Die frühere Kollegiatskirche Saint-Marcel, mit deren Bau im 13. Jahrhundert begonnen wurde, wirkt ebenso einschüchternd wie einst die Festung; ihr Turm erinnert auf den ersten Blick an einen Bergfried. Läßt man jedoch den Blick nach oben zum achteckigen Obergeschoß schweifen, erscheint er zunehmend freundlicher. Am Langhaus mildert Strebewerk den strengen Charakter des Gotteshauses. Im Kircheninnern gibt es vielerlei Schätze zu entdecken: Kapitelle aus dem 12. Jahrhundert, eine steinerne Pietà aus der Werkstatt des berühmten Bildhauers Claus Sluter (spätes 15. Jahrhundert), die Kapelle des Bischofs Jean d'Albret aus dem 16. Jahrhundert und ein klassizistisches Chorgestühl. In Prémery wurde im 15. Jahrhundert Nicolas Appeleine geboren, der später seliggesprochen wurde; sein Geburtshaus existiert noch.

Prémery ist ein Ort der architektonischen Kontraste. GANZ OBEN: Ein stattliches Wohnhaus. OBEN: Das 1466 erbaute Geburtshaus Nicolas Appeleines, des berühmtesten Einwohners von Prémery.

RECHTS: Rinder aus Prémery werden wegen ihres zarten Fleisches nicht nur in Burgund geschätzt.

FOLGENDE DOPPELSEITE: In der Umgebung laden stille Waldwege zum Spazierengehen ein. Im Sommer setzen Sonnenblumen helle Farbakzente.

DIESE DOPPELSEITE: *Ruhig und beschaulich wirken die Gassen von Prémery, so, als sei hier über die Jahrhunderte die Zeit stehengeblieben.*

Sémelay

Im späten 10. oder frühen 11. Jahrhundert gründete hier, im Tal der Alène, der Abt von Cluny eine Priorei. Davon zeugt noch heute die romanische Basilika Saint-Pierre, deren Glockenturm die für die Romanik charakteristischen gekuppelten Fenster aufweist. Die Fassade wurde 1782 im klassizistischen Stil erneuert; der Seitenturm kam erst im 19. Jahrhundert hinzu. Im Innern kann man kostbare mittelalterliche Skulpturen, darunter eine schlichte bemalte Holzfigur der heiligen Anna aus dem 14. Jahrhundert, sowie kunstvoll gestaltete Kapitelle bewundern.

Sémelay hat zwar weniger als vierhundert Einwohner, dafür aber drei Schlösser, von denen vor allem das östlich des Dorfes gelegene Château de la Bussière sehenswert ist. Von der Anlage aus dem 15. Jahrhundert sind ein quadratischer Mittelbau, ein sechs- und ein viereckiger Turm, eine Wendeltreppe, das Torhaus sowie ein eindrucksvoller Kamin erhalten.

Wie viele burgundische Dörfer liegt auch Sémelay in herrlicher Umgebung zwischen bewaldeten Hügeln. Aus der Ferne grüßen die Berge des Morvan, etwas näher liegt die Vieille Montagne mit Überresten eines Oppidums. Daß dieses bezaubernde Fleckchen Erde bereits lange vor der Ankunft der Mönche aus Cluny besiedelt war, überrascht nicht. Schon in keltischer Zeit lebten dort Menschen, und später errichteten die Gallorömer ein Lager am rechten Flußufer.

OBEN: Die Pfarrkirche Saint-Pierre in Sémelay ist von strenger, schlichter Schönheit.

RECHTS: Sémelays Geschichte reicht bis in gallorömische Zeit zurück. Der Ort liegt inmitten bewaldeter Hügel in der Nähe der Alène.

HERIE-CHARCUTERIE
igeon ~ Tél 30.72.01

LINKS OBEN: Feierabend – das Tagewerk ist vollbracht, der Hof gefegt.
LINKS UNTEN: Burgundische Fleisch- und Wurstspezialitäten kauft man beim Dorfmetzger.

UNTEN: Eines der prachtvollen Landschlösser in der näheren Umgebung von Sémelay.

Tannay

In der ehemaligen Kollegiatskirche Saint-Léger von Tannay ist ein Flachrelief zu sehen, das die Legende des heiligen Hubertus, des Schutzpatrons der Jäger, darstellt: Als ihm während der Jagd ein Hirsch mit einem Kreuz im Geweih erschien, bekehrte er sich. Der Chor Saint-Légers datiert vom Anfang des 13., der Glockenturm stammt aus dem 14., und vollendet wurde der Bau im 16. Jahrhundert. Im Kircheninnern sind Reliquien des heiligen Leudegarius (Saint-Léger) von Autun sowie der heiligen Agatha, die den Märtyrertod starb, bestattet.

Stiftsherren trifft man heute in der Kirche zwar nicht mehr an, doch ihre Unterkunft, das im 15. Jahrhundert erbaute Maison des Chanoines, blieb erhalten.

Tannay liegt auf einem Hügel unweit der Yonne. Wassermühlen, Häuser aus dem Mittelalter und der Renaissance (zwei besonders schöne Gebäude aus dem 16. Jahrhundert stehen in der Rue d'Enfer) sowie ein altes Stadttor verleihen dem Ort am Canal du Nivernais einen unvergleichlichen Charme.

Von Tannay hat man einen herrlichen Blick hinüber zum Morvan. Kenner schätzen die edlen Weißweine dieser Gegend. Der Name des Dorfes leitet sich von *tan* (Gerbrinde) ab und verweist auf seine historische Bedeutung als Zentrum des Gerberhandwerks.

UNTEN: Eine zweigeteilte Tür an einem mittelalterlichen Haus aus grob behauenem Stein zeugt von vergangenen Zeiten, als die Bewohner ihr Heim noch mit dem Vieh teilten.
RECHTS: Dieser gallische Hahn läßt sein Krähen über den Dächern von Tannay „erschallen".

LA MARNE

RECHTS OBEN: *Je facettenreicher die Architektur, desto lebendiger wirken die Straßenzüge.*
RECHTS UNTEN: *Ein Panoramablick auf Tannay und die umliegenden Wiesen.*

UNTEN: *Auf diesem Relief aus dem 15. Jahrhundert, das das Kircheninnere von Tannay schmückt, ist die Legende des heiligen Hubertus dargestellt, dem bei der Jagd ein Hirsch mit einem Kruzifix im Geweih erschien. Er bekehrte sich und stellte sein Leben fortan in den Dienst Christi.*

OBEN: An Sommertagen lädt die Yonne – hier ein Abschnitt in Cuzy bei Tannay – zum Baden ein.

LINKS: Nähert man sich Tannay von Süden, fällt vor allem die Kirche Saint-Léger mit ihrem Glockenturm aus dem 14. Jahrhundert auf, um den sich die Häuser zu ducken scheinen. Das Gotteshaus entstand zwischen dem 13. und dem 16. Jahrhundert.

Varzy

In dem kreisförmig angelegten Dorf ließen im 15. Jahrhundert die Bischöfe von Auxerre, denen der Ort seit rund tausend Jahren unterstand, ein Schloß errichten. Im 17. und 18. Jahrhundert wurde die Anlage umgestaltet; aus diesem Bauabschnitt blieben lediglich die klassizistischen Wohntrakte und der polygonale Turm sowie der Mittelbau aus dem Jahr 1760 erhalten. Doch Varzy bietet noch weitere historische Sehenswürdigkeiten: alte Waschhäuser, die Porte de Vézelay mit Treppentürmen aus dem 17. Jahrhundert, ein Franziskanerkloster (das heutige Hôtel de l'Écu) aus derselben Epoche sowie das Hôtel de Guitton, ein Gebäude aus dem 15. Jahrhundert, das früher als Rathaus diente.

In der Kollegiatskirche von Varzy, der einst ein Dutzend Stiftsherren vorstanden, waren früher die Gebeine der heiligen Eugenia von Alexandria bestattet, weswegen sich der Ort zu einem bekannten Wallfahrtszentrum entwickelte. Auch viele Pilger, die sich nach Santiago de Compostela aufgemacht hatten, um vor dem Schrein des heiligen Jakobus des Älteren zu beten, machten hier Zwischenstation. Heute ist das Gotteshaus größtenteils verfallen, doch die verbliebenen Überreste lassen seine einstige Größe und Bedeutung erahnen.

Zum Glück wurden die Reliquien der heiligen Eugenia wie auch die des heiligen Regnobert, der als Bischof in Bayeux wirkte, samt ihren vergoldeten Schreinen rechtzeitig in die Schatzkammer der Kirche Saint-Pierre überführt, in der nicht weniger als zwölf weitere Reliquienschreine aufbewahrt werden. Der stattliche gotische Bau aus dem 13. und 14. Jahrhundert hat zwei Glockentürme und ein fünfzig Meter langes Langschiff. Besondere Aufmerksamkeit verdienen die Kanzel aus der Renaissancezeit, das mittlere Chorfenster aus dem 13. Jahrhundert mit Buntglas sowie mehrere kostbare Triptychen aus dem 16. und 17. Jahrhundert. Eines von ihnen zeigt Szenen aus dem Leben der heiligen Eugenia. Ein flämischer Meister hat es 1525 gemalt.

LINKS: Ein Gemischtwarenladen im wahrsten Sinne des Wortes – im Schaufenster ist ein kunterbuntes Warensortiment ausgestellt.
RECHTS: Verwitterte Häuser an einer holprigen Dorfstraße.

cial

Les Vergers de la Pommeraie
Les Vergers de la Pommeraie

LINKS UND UNTEN: Altertümliche Tore und Hauseingänge verleihen dem Ort etwas Malerisches.

LINKS: Jenseits des Marktplatzes erhebt sich majestätisch die Kirche Saint-Pierre aus dem 13. Jahrhundert. Hinter der polygonalen Apsis ragen über dem Querschiff zwei Türme mit unterschiedlichen Dächern empor. Elegante Maßwerkfenster lockern die Fassade auf. Im Mittelalter war Varzy ein bedeutender Wallfahrtsort.

OBEN: Dieses Holocaust-Denkmal wurde von Schülern des Technischen Gymnasiums gestaltet. Es steht an einem Spazierweg, der um Varzy herumführt.

RECHTS OBEN UND UNTEN: Im Ortskern findet man stattliche Anwesen ebenso wie kleine, bescheidene Häuser.

22

Burgundische Gaumenfreuden

Nachdem die Reblaus Ende des 19. Jahrhunderts große Teile der Weinhänge zwischen Yonne und Côte d'Or in eine Wüstenei verwandelt hatte, ließ man bei der Neuanlage der burgundischen Weinberge Vorsicht walten: Neue Rebstöcke pflanzte man nur in Gegenden, in denen erfahrungsgemäß die besten Weine gediehen.

Als einer der berühmtesten Weißweine nicht nur Frankreichs, sondern der ganzen Welt konnte sich der trockene Chablis mit seinem blaßgrünen Schimmer etablieren. Das dreihundert Hektar umfassende Weinbaugebiet von Nuits-Saint-Georges liegt im Herzen des Departements Côte d'Or auf halbem Weg zwischen Dijon und Beaune; dort wird ausschließlich Pinot Noir angebaut. Kalkreiche Böden im Norden und stark tonhaltige im Süden schlagen sich in feinen Geschmacksunterschieden der edlen Tropfen nieder.

Beaune ist die unbestrittene Weinhauptstadt Burgunds: Die Crus der Côte de Beaune sind weithin berühmt. Wie auch in Nuits-Saint-Georges werden hier in erster Linie Rotweine erzeugt, doch kann sich die Côte de Beaune auch einiger exzellenter Weißweine rühmen, nämlich jener aus der Gegend um und südlich von Meursault.

Auf einem hügeligen, schmalen Landstrich von höchstens zehn Kilometern Breite und 35 Kilometern Länge am rechten Saône-Ufer gedeihen die Trauben, aus denen die Weine des Mâconnais gekeltert werden. Der zweifellos berühmteste Weiße aus dieser Gegend ist der grüngolden schimmernde Chardonnay aus Pouilly-Fuissé. Bemer-

LINKS: Saint-Romain ist ein Zentrum der Küferei. In der Werkstatt von Claude Gillet werden die Fässer wie vor Jahrhunderten von Hand gefertigt. OBEN: Ein Anblick, der das Herz eines jeden Weinliebhabers höher schlagen läßt: einer der Weinkeller des Château Meursault.

RECHTS: Ein typisch burgundisches Landschaftsbild. Hier, etwa zwölf Kilometer westlich von Beaune, gedeihen die Trauben, aus denen der berühmte Saint-Romain gekeltert wird.

Links: Die Chardonnay-Trauben für die besten Grands Crus gedeihen auf nur 36 Hektar nordöstlich von Chablis. Die übrigen Chablis-Weine stammen von Trauben eines knapp zweitausend Hektar großen Gebietes an der Yonne.

kenswert sind auch der weiße Mâcon-Villages sowie etliche Rot- und Roséweine der Gegend.

Das Anbaugebiet des berühmten Beaujolais erstreckt sich über vierzig Kilometer in Südburgund vor dem Panorama des französischen Juras und der Alpen. Nicht ganz so bekannt sind die Weine aus dem Mercurey im Norden von Saône-et-Loire. Hier gedeiht der weiße Aligoté, der gern mit Crème de Cassis zum burgundischen Aperitif Kir gemischt wird. Wer auf Bacchus' Spuren wandeln möchte, sollte der Weinstraße von Villefranche-sur-Saône bis nach Dijon folgen.

Doch nicht nur Weinkenner, auch Feinschmecker kommen in Burgund auf ihre Kosten. Hervorragendes Fleisch liefern die weißen Charolais-Rinder, die Bresse hingegen ist für ihr vorzügliches Geflügel bekannt. Die *poulets de Bresse* werden als einziges Geflügel Frank-

OBEN: Die berühmten Charolais-Rinder wurden früher nur in Burgund gezüchtet. Unser Bild zeigt eine Herde bei Suin im Departement Saône-et-Loire.

reichs mit dem Gütesiegel Appellation d'origine contrôlée gehandelt. Ihr Futter besteht ausschließlich aus Vollweizen, hellem Maismehl und Milch, und pro Tier ist ein Auslauf von mindestens zehn Quadratmetern vorgeschrieben. Über den Stammbaum der weißen Charolais-Rinder wird in Nevers akribisch Buch geführt. Kaum ein Streifen Fett durchzieht ihr mageres Fleisch, aus dem – mit reichlich Rotwein – *bœuf bourguignon* zubereitet wird. Auch die fischreichen Flüsse Burgunds bereichern die Speisekarte: Als Spezialität gilt die traditionelle Fischsuppe *pôchouse*, ein Pendant zur provenzalischen *bouillabaisse*. Zubereitet wird sie u.a. mit Schleien aus der Saône sowie Aalen, Karpfen und Flußbarschen aus dem Doubs und seinen Nebenflüssen. Auch Weinbergschnecken mit Butter, Knoblauch und Petersilie gehören zur burgundischen Küche. Käse aus Kuh- und Ziegenmilch sowie eine Reihe von Dessertspezialitäten, z.B. Kirschkuchen aus Paray-le-Monial, runden das typisch burgundische Menü ab.

OBEN UND RECHTS: Die Bresse, eine seen- und waldreiche Gegend im Departement Saône-et-Loire, ist für ihr Geflügel bekannt. Vollaile de Bresse *in Weißwein mundet hervorragend, und auch* fondue bourguignonne *aus dem Fleisch der weißen Charolais-Rinder ist eine weit über die Landesgrenzen hinaus bekannte Spezialität. Als Abschluß für ein burgundisches Menü bevorzugen Feinschmecker Käse aus Époisse im Departement Côte d'Or.*

Unten und rechts: Viele Erzeugnisse, die auf dem donnerstäglichen Wochenmarkt von Châtel-Censoir in Yonne angeboten werden, kommen aus dem benachbarten Clamecy, einem malerischen alten Städtchen am Zusammenfluß von Yonne und Beuvron, dessen Name auch für gepflegte burgundische Gastlichkeit steht.

Côte d'Or

Chassagne-Montrachet und Puligny-Montrachet
Châteauneuf
Fixin
Flavigny-sur-Ozerain
Fontenay
Nolay
Pommard
Santenay
Semur-en-Auxois

Die Flüsse Saône und Ouche sowie etliche Kanäle – der Canal de Bourgogne, der Canal de la Marne au Saône, der Canal du Rhône au Rhin – machen dieses „goldene" Departement zu einem Paradies für Reisende zu Wasser. Im Westen geht das Saône-Plateau in eine Berglandschaft über. Diese Gegend Burgunds gilt als das Weingebiet schlechthin.

Die berühmte burgundische Weinstraße beginnt in Fixin südlich von Dijon. Aus der Gegend um Fixin kommen gleich vier klassifizierte Crus. Von dort verläuft die Route des Grands Crus in südlicher Richtung durch Dörfer mit klingenden Namen wie Gevrey-Chambertin, Morey-Saint-Denis, Chambolle-Musigny, Vougeot, Vosne-Romanée, Nuits-Saint-Georges und Bouilland bis nach Beaune und weiter nach Pommard, Volnay, Saint-Romain und Meursault. Auch wenn nur einige dieser Dörfer auf den nächsten Seiten ausführlich vorgestellt werden, sind alle einen Abstecher wert. Die Weinberge von Gevrey-Chambertin wurden in der Vergangenheit von Mönchen bewirtschaftet; ab dem 7. Jahrhundert gehörten sie zu den Ländereien des Klosters von Bèze und der Benignus-Abtei in Dijon. Im 18. Jahrhundert gelangten sie unter der Ägide des ortsansässigen Kaufmanns Claude-Jobert de Chambertin zu neuem Ruhm. Der verdienstvolle Förderer des Weins starb im Jahr 1768 und ist in der Pfarrkirche bestattet. Seinen Namen verdankt das Dorf jedoch nicht ihm, sondern einem Weinbauern namens Bertin, der im 13. Jahrhundert lebte und dessen Anwesen Champ de Bertin hieß. Gevrey-Chambertin besitzt einen Gemeinde-Weinkeller aus dem 13. und 14. Jahrhundert, in dem früher auch der Zehnt eingesammelt wurde.

Die nächste Station, Morey-Saint-Denis, gehört bereits zur Côte de Nuits. Besonders sehenswert ist die Fassade der Kirche aus dem 18. Jahrhundert. Das Gotteshaus selbst stammt aus dem 13. Jahrhundert. Von Morey-Saint-Denis ist es nur ein Katzensprung bis nach Chambolle-Musigny, das inmitten von Weinbergen liegt. Die meisten Häuser, die sich um eine hübsche Kirche aus dem 16. Jahrhundert scharen, sind mit braunen Ziegeln gedeckt.

Weiter geht es nach Vougeot. Dort sollte man vor allem dem Schloß einen Besuch abstatten, das ab 1551 von den Mönchen aus Cîteaux errichtet wurde und dessen Dach mit Lukarnen geradezu übersät ist. Heute ist das Château Sitz der Confrérie des Chevaliers du Tastevin, der „Bruderschaft der Ritter vom Weinschmeckerorden". Der Name dieser Vereinigung, die das Ziel verfolgt, den Burgunderwein an allen Tafeln der Welt bekannt zu machen, leitet sich vom *tastevin* ab, der flachen, oft versilberten Probierschale, mit der die burgundischen Bauern den Wein prüften. In einem romanischen Schloßkeller aus dem 12. Jahrhundert bitten die Chevaliers zur Tafelrunde und führen Besuchern stolz ihre vier Weinpressen aus dem 13. Jahrhundert vor.

Vosne-Romanée, ein 530-Seelen-Dorf, läßt das Herz von Weinkennern höher schlagen. Hier wird einer der exklusivsten und teuersten Weine der Welt erzeugt: der Romanée-Conti. Man keltert ihn aus einer Rebsorte, die im 13. Jahrhundert erstmals von Mönchen aus dem nahegelegenen Saint-Vivant-de-Vergy angebaut wurde.

Südlich von Beaune liegt Saint-Romain mit seiner verwunschenen Burgruine und pittoresken Häusern aus dem Mittelalter und der Renaissance. Auch Volnay am Fuße eines mit Tannen bewachsenen Hügels bietet ein reizvolles Erscheinungsbild sowie herrliche Ausblicke auf das Tal der Saône. Seine Pfarrkirche Saint-Cyr stammt aus dem 14. Jahrhundert und beherbergt eine Statue, die die Jungfrau Maria mit Weinreben darstellt, sowie ein Bildnis des heiligen Georg im Kampf gegen den Drachen.

Die Geschichte der Weißweine von Meursault reicht bis Weihnachten 1098 zurück: Damals schenkte Robert von Molesme, Herzog von Burgund, den 21 Mönchen der kurz zuvor gegründeten Abtei von Cîteaux einen Weinberg. Die Burg von Meursault, mit deren Bau 1337 begon-

Vorhergehende Doppelseite (großes Bild): Das Dörfchen Fixin im letzten Abendlicht.

Vorhergehende Doppelseite (kleines Bild): Ein Winzer aus Puligny-Montrachet bei der Arbeit.

Rechts: Saint-Romain mit seinen steil ansteigenden Gassen ist eines der für die Côte d'Or typischsten Dörfer.

nen wurde, dient nach mehrfachen Umbauten heute als Rathaus. Ihr Dach ist mit den für Burgund typischen glasierten Ziegeln gedeckt. Meursaults ehemaliges Lepraspital ist noch älter: Es wurde im 12. Jahrhundert gegründet und besitzt ein romanisches Portal. Sehenswert ist auch das Castel de la Velle aus dem 13. Jahrhundert. Das Château de Meursault wurde im 18. Jahrhundert erbaut und liegt in reizvoller Umgebung inmitten von Weinbergen.

Ein weiteres Schloß im Departement Côte d'Or gehört zu den interessantesten Bauwerken Burgunds: das Château de Bussy-Rabutin. Mit seinen beiden Flügeln aus dem 16. Jahrhundert, die von massiven Rundtürmen aus derselben Epoche flankiert werden, wirkt der Bau sehr majestätisch. Die Innenräume sind mit antikem Mobiliar und Werken großer Meister wie Mignard, Lebrun und Rubens dekoriert. Im Cabinet des Devises hängen allegorische Gemälde, die Antichambre des Hommes de Guerre schmükken Darstellungen berühmter Heerführer, und in der Chambre de Bussy kann man eine Sammlung von Damenporträts bewundern. In einem der Türme ist die Schloßkapelle untergebracht. Ihr Retabel aus dem 16. Jahrhundert sowie Gemälde von Andrea del Sarto und Nicolas Poussin werden das Auge jedes Kunstliebhabers auf sich ziehen. Der Schloßpark entstand nach Plänen des berühmten André Le Nôtre, wurde jedoch später vollständig umgestaltet und gleicht heute einem idealisierten französischen Garten des 17. Jahrhunderts.

Im Herzen des Departements liegt Dijon – historische Metropole und heutige Hauptstadt der Côte d'Or. Bereits sechs Jahrhunderte vor Christi Geburt war Dijon eine Stadt von Rang. Die Kapetinger, die Frankreich von 987 bis 1328 regierten, erhoben es zur Hauptstadt Burgunds.

LINKS: Der Canal de Bourgogne – hier südlich von Châteauneuf aufgenommen – ist einer der Hauptwasserwege Burgunds. Nicht immer ging es in dem heute so beschaulichen Ort friedlich zu: Im 15. Jahrhundert vergiftete Cathérine de Châteauneuf dort ihren Gatten, woraufhin Philipp der Gute ihr Schloß beschlagnahmte.

Für Kunstinteressierte ist das Departement Côte d'Or ein Dorado. RECHTS OBEN: Der Kapitelsaal mit seinen herrlichen Dekkengewölben bietet einen Vorgeschmack auf die weiteren architektonischen Genüsse, die den Besucher in der Zisterzienserabtei Fontenay erwarten. RECHTS UNTEN: Das Schloß von Bussy-Rabutin, einst Wohnsitz des bei König Ludwig XIV. in Ungnade gefallenen Grafen Roger de Bussy-Rabutin, präsentiert sich nach der Restaurierung in alter Pracht.

Chassagne-Montrachet und Puligny-Montrachet

Die beiden Nachbarorte sind als Hochburgen des Weißweins weltbekannt. So ist es nicht verwunderlich, daß das Château de la Maltroye in Chassagne-Montrachet einen alten Weinkeller aus dem 15. Jahrhundert aufweist. Sehenswert sind auch die Gotteshäuser der beiden Orte. Die Kirche von Chassagne-Montrachet wurde ab 1484 erbaut. Ihre Fenster sind im gotischen Flamboyantstil gehalten, das Mittelschiff stammt hingegen aus dem 17. Jahrhundert. Die Kirche von Puligny-Montrachet datiert aus dem 13. Jahrhundert, wurde jedoch im 17. und 19. Jahrhundert teilweise umgebaut und berherbergt ein Lesepult aus dem 15. Jahrhundert, das die Form eines Adlers hat. Einen Besuch wert ist auch das Renaissanceschloß mit seinem sechseckigen Treppenturm und Wohntrakten aus dem 18. Jahrhundert. Das Schloßmuseum zeigt eine Ausstellung zur napoleonischen Ära.

Heute wirken Chassagne-Montrachet und Puligny-Montrachet, deren alte Winzerhäuser mit Ziegeln und Kalksteinplatten gedeckt sind, ausgesprochen friedlich, doch beide Ortschaften haben eine bewegte Vergangenheit hinter sich. Einst wurden dort Feindseligkeiten zwischen dem Königreich Frankreich und dem Herzogtum Burgund ausgetragen. Als man in Chassagne-Montrachet für Margarete von Burgund Partei ergriff, brannten die Truppen Ludwigs XI. das Dorf im Jahr 1480 nieder. Doch es erhob sich wie Phönix aus der Asche: Zunächst ließ François de Ferrières eine dem heiligen Markus gewidmete Kapelle errichten, die im Laufe der Zeit zur heutigen Pfarrkirche ausgebaut wurde. Später kamen Zisterziensermönche in die Gegend und gründeten eine Priorei (die Abtei von Morgeot, von der noch Überreste zu sehen sind). Ihr Hauptverdienst aber bestand darin, daß sie neue Reben anpflanzten, wofür ihnen Weinliebhaber in der ganzen Welt bis heute dankbar sind.

Wohlwollende Rivalität prägt heute das Verhältnis der beiden Dörfer. Ein in Puligny-Montrachet ansässiger Lebensmittelhändler drückte dies so aus: „Puligny ist eher bürgerlich, Chassagne mehr bäuerlich."

LINKS OBEN UND UNTEN: Dachgaupen sind ein Charakteristikum vieler burgundischer Häuser.
RECHTS: Monsieur und Madame Reigny sind seit vierzig Jahren bei der Weinlese des Château de la Maltroye dabei.

OBEN: Seit Jahrhunderten keltert man aus den Trauben, die in der Umgebung von Chassagne-Montrachet gedeihen, exzellente Weine. Diese alte Weinpresse wird heute allerdings nicht mehr benutzt.

RECHTS: Man kann sich nur schwer vorstellen, daß das beschauliche Dorf Chassagne-Montrachet 1480 von den Truppen Ludwigs XI. teilweise verwüstet wurde. Anstelle der zerstörten Gebäude errichtete man im 16. Jahrhundert reizvolle Winzerhäuser, die Besuchern noch heute ins Auge fallen.

OBEN: *Puligny-Montrachet ist von Weinbergen umgeben. Jedes Fleckchen des kostbaren Bodens, auf dem die edlen Tropfen gedeihen, wird genutzt: Die Rebstöcke stehen dicht an dicht.*

OBEN: Hinter der Place des Marroniers erhebt sich ein stattliches Gebäude aus Naturstein.
RECHTS: Alte Hauseingänge in Puligny-Montrachet.

Châteauneuf

In der zweiten Hälfte des 12. Jahrhunderts begründete Jean de Chaudenay in Châteauneuf eine Lehnsherrschaft, die er seinem Sohn gleichen Namens vermachte. Dieser und seine Nachfolger ließen darauf ein Château errichten, das ein Meisterwerk burgundischer Festungsarchitektur darstellt.

Das polygonale Gemäuer aus dem 13. Jahrhundert mit seinem quadratischen Bergfried aus dem 12. Jahrhundert wird von fünf mächtigen Rundtürmen flankiert. Als Mitte des 15. Jahrhunderts die Burgherrin Cathérine de Châteauneuf des Giftmordes an ihrem Gatten überführt wurde, nahm der burgundische Herzog Philipp der Gute die Burg in Besitz und übereignete sie seinem Berater Philippe Pot, einem Ritter des Ordens vom Goldenen Vlies, der später Seneschall Ludwigs XI. wurde. Von den beiden Wohntrakten, in denen Pots Gemächer untergebracht waren, ist der östliche verfallen. Seine Gebeine wurden in der gotische Burgkapelle (15. Jahrhundert) zur letzten Ruhe gebettet, der kostbare Originalsarkophag jedoch später in den Louvre überführt und durch eine Nachbildung ersetzt.

Hinter dem Schloß zieht sich der kleine mittelalterliche Ort Châteauneuf den Hang empor. Manche der Wohnhäuser aus dem 14. bis 17. Jahrhundert sind mit Türmchen geschmückt, an anderen prangen die Wappen ihrer ehemaligen Besitzer. An die Zeit, als in Châteauneuf noch bedeutende Viehmärkte stattfanden, erinnern Straßenschilder mit Namen wie Grange aux Ânes, Place aux Bœufs, Place aux Chevaux oder Place aux Cochons.

Die Pfarrkirche des Örtchens mit massivem Glockenturm und Fenstern im Flamboyantstil stammt aus dem 15. Jahrhundert. 1583 kam die Kanzel hinzu. Sehenswert sind auch eine Statue der Jungfrau Maria mit Kind (14. Jahrhundert), eine Figur Johannes' des Täufers (15. Jahrhundert) und eine Darstellung der Apostel Philippus und Jakobus (16. Jahrhundert), der Schutzheiligen der Kirche.

UNTEN: Kunstvolle Supraporten über den Türstürzen zweier Wohnhäuser in Châteauneuf.

RECHTS: Noch immer wirkt die Festung jenseits des Canal de Bourgogne ausgesprochen wehrhaft.

OBEN LINKS UND RECHTS: *Wie viele burgundische Ortschaften hat Châteauneuf eine bäuerlich geprägte Vergangenheit, wovon z.B. der alte Wagen zeugt.*

RECHTS: *Mit seinem imposanten Rundturm wirkt dieses Anwesen an der Grande Rue sehr majestätisch.*

LINKS: Zahlreiche Skulpturen schmücken die Pfarrkirche Saint-Jacques-et-Saint-Philippe.
OBEN: In der Schloßkapelle von Châteauneuf ist eine Nachbildung des Grabmals des einstigen Schloßherrn Philippe Pot zu sehen.
RECHTS: Noch heute werden in Châteauneuf kunstvolle Holzskulpturen gefertigt; hier ein Blick in die Werkstatt eines ortsansässigen Schnitzers.

Fixin

Ein quadratischer Kirchturm mit Pyramidendach überragt das Dorf Fixin, dessen Einwohnerschaft kaum neunhundert Seelen zählt. Die Kirche stammt aus dem 14., der Turmhelm wurde im 15. Jahrhundert aufgesetzt. Das Innere des Gotteshauses schmücken Statuen aus dem 15. und 16. Jahrhundert sowie, als besonderer Blickfang, eine thronende Madonna aus dem 13. Jahrhundert.

Fixin liegt inmitten des Weinbaugebietes Côte de Nuits unweit so berühmter Städtchen und Dörfer wie Nuits-Saint-Georges und Gevrey-Chambertin. Eine Weinpresse aus dem 13. Jahrhundert belegt, daß auch hier die Produktion edler Tropfen eine lange Tradition hat.

Geschichtsinteressierte können ein Napoleon-Bonaparte-Museum besichtigen, das seine Entstehung Claude Noisot verdankt, einem ehemaligen Hauptmann aus der Garde Napoleons, der sich 1837 nach Fixin zurückzog. Noisot beauftragte den Bildhauer François Rude aus Dijon mit der Fertigung einer Bronzestatue Napoleons. Sie ziert das vielbesuchte Denkmal Réveil de Napoléon (1847), das den zur Unsterblichkeit erwachenden Kaiser darstellt. Hundert Treppenstufen symbolisieren die hundert Tage zwischen Napoleons Flucht von Elba und seiner Niederlage bei Waterloo.

Die Weine aus Fixin, das sich zweier Premier-Cru-Lagen – Clos de la Perrière und Clos du Chapître – rühmen kann, werden seit 1936 nach der Appellation contrôlée klassifiziert. Von Fixin aus empfiehlt sich ein Ausflug in den Weiler Fixey mit seiner romanischen Kirche.

Die Weinberge von Fixin gehören zum weltberühmten Anbaugebiet Côte de Nuits.

LINKS: Die bunten Ziegel verleihen diesem alten Gemäuer besonderen Charme.
RECHTS OBEN: Fixin aus der Ferne.
RECHTS UNTEN: Fünfzehn Kilometer nördlich von Nuits-Saint-Georges liegt das Weinschloß von Le Clos de Vougeot, in dessen Umgebung weltbekannte Rotweine angebaut werden. Die Weinberge wurden bereits um 1100 von Zisterziensermönchen angelegt, das Schloß selbst stammt aus dem 16. Jahrhundert. Sein Weinkeller jedoch, in dem mehrere mittelalterliche Weinpressen zu sehen sind, ist rund vierhundert Jahre älter.

Flavigny-sur-Ozerain

Die Geschichte des mittelalterlich geprägten Dorfes, das auf einem nach drei Seiten steil abfallenden Felsrücken über dem Ozerain-Tal liegt, reicht bis in gallorömische Zeit zurück. Im Jahr 719 wurde hier eine Benediktinerabtei gegründet. Nachdem hundert Jahre später die Gebeine der heiligen Regina dorthin verbracht worden waren, entwickelte sich Flavigny-sur-Ozerain zu einem vielbesuchten Wallfahrtsort. Zur Zeit der Französischen Revolution jedoch versahen statt wie einst dreihundert Mönche nur noch dreißig ihren Dienst an Gott. Die Abtei wurde an die Dorfbewohner verkauft, die die Mauern abtrugen und das Steinmaterial für Bauzwecke verwendeten. Verschont blieben lediglich die Krypta Saint-Pierre aus karolingischer Zeit, die bei Ausgrabungen 1959 wiederentdeckt wurde, und die sechseckige Kapelle Notre-Dame-des-Piliers aus dem 10. Jahrhundert mit ihrer Krypta aus dem 8. Jahrhundert, auf die man 1960 stieß. Heute werden auf dem Abteigelände Anispastillen hergestellt, eine weit über die Grenzen Frankreichs hinaus bekannte Spezialität.

Trotz massiver Befestigungsanlagen, darunter zwei mächtige mittelalterliche Stadttore (die mit Pechnasen bewehrte Porte du Bourg und die Porte du Val mit ihrem wuchtigen Rundtürmen), gelang es den Engländern 1359, das Dorf einzunehmen. In den engen Gäßchen drängen sich Häuser aus dem Mittelalter, der Renaissance und dem Klassizismus aneinander, manche mit Türmchen oder Treppentürmen. Die ältesten Gebäude stammen aus dem 13. Jahrhundert, ebenso wie die Pfarrkirche Saint-Genest, die im 15. Jahrhundert einstürzte und neu eingewölbt wurde. Im Innern sind eindrucksvolle Beispiele der Bildhauerkunst zu bewundern, u.a. ein steinerner Verkündigungsengel und reichornamentiertes Chorgestühl aus dem späten 15. Jahrhundert.

RECHTS OBEN UND UNTEN: Die Anispastillen von Flavigny-sur-Ozerain, die in einer Fabrik auf dem Gelände der ehemaligen Abtei hergestellt werden, sind überall ein Begriff.
GANZ RECHTS: Blickt man von Osten auf Flavigny-sur-Ozerain, erkennt man die alten Verteidigungsanlagen.

GANZ LINKS: *Ein friedliches Bild: grasende Rinder im Ozerain-Tal.*
OBEN LINKS UND RECHTS: *Häuser aus dem 13. bis 16. Jahrhundert säumen die schmalen, gewundenen Gassen von Flavigny-sur-Ozerain. Entsprechend vielfältig sind die architektonischen Details. Türme, hohe Giebel und Fachwerk prägen das Bild.*

OBEN: Wer bei einem Spaziergang durch Flavigny-sur-Ozerain an der Ecke Rue Mirabeau/Rue Labourey aufblickt, sieht in dieses steinerne Gesicht.

RECHTS: Malerisch schlängeln sich die Sträßchen durch den Ort. GANZ RECHTS: Über dem Durchgang der Porte du Bourg, einem Stadttor aus dem 15. Jahrhundert, wacht in einer Mauernische eine Marienstatue.

Fontenay

Etwas außerhalb von Marmagne liegt die Zisterzienserabtei Fontenay, ein Zeugnis mittelalterlicher Baukunst, das seinesgleichen sucht. Ihr Gründer war der heilige Bernhard, der Abt des Klosters von Clairvaux in der Champagne. Die Anlage entstand ab 1118 innerhalb relativ kurzer Zeit, daher der einheitliche Charakter dieses „Mönchsdorfes".

Das asketische Lebensideal der Zisterzienser spiegelt sich im Baustil insbesondere des Kreuzgangs und der Abteikirche wider. Letztere gilt als ältestes vollständig erhaltenes Gotteshaus aus der Zeit der Zisterzienser. Der 66 Meter lange Bau ist ein Meisterwerk der romanischen Baukunst des 12. Jahrhunderts. Das leider in den Wirren der Revolution beschädigte Retabel aus dem 13. Jahrhundert zeigt Szenen aus dem Leben Jesu und der Jungfrau Maria. Im Chor findet man beeindruckende Grabplatten aus dem 14. Jahrhundert. Zur Klosteranlage gehören auch ein Kapitelsaal und ein großer Mönchssaal, ferner Dormitorium, Wärmestube, Krankenstation, Bäckerei, Taubenschlag und Schmiede. Das Abtspalais wurde im 18. Jahrhundert angebaut.

Die altehrwürdigen Gebäude haben eine wechselvolle Geschichte. Während des Hundertjährigen Krieges und der Religionskriege wurde das Kloster mehrfach geplündert. Seit der Revolution diente es als Papiermühle, bis 1906 Édouard Aynard de Montgolfier das gesamte Anwesen erwarb, die Papierfabrikation einstellte und die Abtei restaurieren ließ.

Nicht von ungefähr liegt das Kloster in einem idyllischen Tal mitten im Wald, führten die Zisterzienser doch bewußt ein sehr abgeschiedenes Leben. Im Westen erstreckt sich eine Gartenanlage mit Bächen und Teichen, in denen die Mönche früher Forellen züchteten. Heute wirkt der im Laufe der Jahrhunderte immer prachtvoller gestaltete Klostergarten mildernd auf die strenge Architektur.

DIESE DOPPELSEITE: Das Torhaus des großartigen Klosters Fontenay. Der ganze Komplex wurde Anfang des 20. Jahrhunderts mit großer Umsicht restauriert.

LINKS: Autarkie galt den mittelalterlichen Mönchen als höchst erstrebenswert. So beherrschten die Klosterbrüder von Fontenay – neben anderen Fertigkeiten – auch das Schmiedehandwerk, das sie in der (heute restaurierten) Schmiede der Abtei ausübten.

RECHTS: Ein Ort, wie geschaffen für die innere Sammlung: der schlichte Kreuzgang von Fontenay.

LINKS: *Auch wenn Askese das Leben der Zisterziensermönche bestimmte, waren sie, wie der Klostergarten von Fontenay beweist, keineswegs blind gegenüber den Schönheiten der Natur.*

RECHTS OBEN: *Im Laufe der Zeit gestaltete man die Gartenanlagen um das Kloster immer kunstvoller; hier der eindrucksvolle Wassergarten.*
RECHTS UNTEN: *Zwar gründete Bernhard von Clairvaux die Abtei Fontenay bereits 1118, das Abtspalais (rechts im Bild) wurde jedoch erst im 18. Jahrhundert angebaut. Nordöstlich davon und in der Bildmitte sind Taubenschlag und Hundezwinger (heute als Wohnhaus genutzt) zu sehen.*

Nolay

Seinen Reiz verdankt Nolay in erster Linie seiner herrlichen Lage im Tal der Cusanne am Fuße von Felsklippen, aber auch den vielen alten Fachwerkhäusern, manche mit vorspringenden Stockwerken, andere mit Wappenschmuck. Eines der beeindruckendsten Gebäude von Nolay ist die im 15. Jahrhundert für die Herren der Abtei Saint-Jean d'Autun errichtete Residenz.

In der Rue Sadi Carnot kann man das Wohnhaus der Familie Carnot bewundern. Hier wurde 1753 der Ingenieuroffizier und Staatsmann Lazare Carnot geboren, der während der Revolution das Militärwesen organisierte und als Schöpfer des Revolutionsheeres gilt. An ihn erinnert eine Statue vor dem Haus. Auch seinem Sohn Sadi, der sich um die Entwicklung der Dampfdrucktechnik verdient gemacht hat, wurde ein Denkmal gesetzt. Ein Vertreter der nächsten Generation, Marie-François Sadi Carnot, brachte es gar zum Präsidenten der Republik. 1894 fiel er einem Attentat zum Opfer.

Nolays Pfarrkirche wurde im 17. Jahrhundert neu aufgebaut; aus dieser Zeit stammt auch die Madonnenfigur im Innern. Original erhalten sind eine Kapelle im Flamboyantstil aus dem 16. Jahrhundert sowie etliche Holzskulpturen aus derselben Epoche. Der Chorumgang führt zu mehreren Kapellen.

Einen Abstecher lohnt auch die Kapelle Saint-Philippe aus dem 15. Jahrhundert. Sie bietet einen herrlichen Ausblick auf die Umgebung und die Côte de Beaune. In der alten Markthalle mit Steindach und dunklem Balkenwerk wurde ab 1388 der Kornmarkt abgehalten.

LINKS: Dieses Denkmal erinnert an Nolays prominenteste Familie, die Carnots.
OBEN UND RECHTS: Der markante Glokkenturm der Pfarrkirche Saint-Martin von Nolay und alte Fachwerkhäuser im Ortskern, wie hier am Marktplatz, verleihen dem Dorf eine besondere Note. Früher unterbrachen in Nolay viele Pilger ihre Reise nach Santiago de Compostela, um ihrem Schutzheiligen Jakobus dem Älteren ihre Reverenz zu erweisen. Eine Statue von ihm befindet sich in der Kirche.

Rue
de l'Eglise

ANTIQUITES
Antiquités
ACHETONS
MEUBLES ANCIENS
BIBELOTS. BRONZES
ARGENTERIE
POUPÉES.TABLEAUX
PATES DE VERRE
JOUETS ANCIENS etc.

CAFE DE FRANCE
RICARD

LINKS OBEN UND UNTEN: *Altertümliche Fassaden in der Rue de la République zeugen vom Charme vergangener Zeiten.*

OBEN: *In und um Nolays Markthalle aus dem 14. Jahrhundert findet jeden Montag der Wochenmarkt statt.*

LINKS: Ein stabiles Balkenskelett trägt das Dach der Markthalle, das aus flach behauenen Steinen besteht.

OBEN: Ein Dorfbewohner mit frischen Baguettes fürs Frühstück im Arm.

Pommard

Der drei Kilometer südwestlich von Beaune gelegene Ort bietet seinen Besuchern – und vor allem den Weinkennern unter ihnen – vielfältige Attraktionen. Im Château de Pommard aus dem späten 18. Jahrhundert steht eine über vierhundert Jahre alte Weinpresse. Wer die edlen Tropfen aus der näheren Umgebung anschließend probieren möchte, wird im Keller (14. Jahrhundert) des Château de la Commaraine auf seine Kosten kommen. Kein Wunder, daß sich auch in Pommard die Weinliebhaber zu einer Vereinigung, der Confrérie du Souverain Baillage, zusammenschlossen.

Die Kirche aus dem 18. Jahrhundert mit ihrem quadratischen Glockenturm schmücken neben einer kostbaren Schmerzensmutter aus dem 16. Jahrhundert weitere Statuen aus derselben Epoche sowie aus dem nachfolgenden Jahrhundert. Etliche Winzerhäuser besitzen noch Galerien und romanische Kamine. In der Ruine der früheren Festung ist ein mittelalterlicher Gewölbekeller erhalten.

Pommard eignet sich als Ausgangspunkt für Ausflüge durch die Weinlandschaft Côte de Beaune. Der fünf Kilometer nordwestlich gelegene Weiler Nantoux gewährt großartige Ausblicke auf die Anhöhen des Bois de la Chaume und hat außerdem eine Kirche aus dem 15. Jahrhundert zu bieten. Skulpturen aus dem 16. Jahrhundert schmücken sie. Zwei Kilometer weiter westlich liegt inmitten von Weinhängen das Dörfchen Meloisey, zu dessen traditionellen Steinhäusern auch Weinkeller gehören.

UNTEN: Zu Recht rühmt sich Pommard der edlen Tropfen, die hier – z.T. hinter Gittertoren – gedeihen.

RECHTS: Die Silhouette Pommards, von Westen aus gesehen. Winzerhäuser, alte Schlösser und eine schöne Kirche prägen das Dorfbild.

LINKS: Der nördlich von Pommard gelegene Weiler Meloisey mit seiner schlichten, aber eleganten Kirche scheint zwischen den Weinbergen zu schlummern. Der Kirchturm stammt aus dem 16. Jahrhundert.
RECHTS: Die Nebenstraßen von Pommard sind ebenso sehenswert wie der Dorfkern.

PLACE
DE L'EGLISE

LINKS: Pommard hat mehr als Wein zu bieten – das Dorf selbst ist außergewöhnlich hübsch. OBEN: Eine Dorfstraße bei der Place de l'Église im sommerlichen Wechselspiel von Licht und Schatten.

Santenay

Philipp der Kühne, der jüngste Sohn König Johanns II. des Guten und Bruder Karls V., war von 1363 bis 1404 Herzog von Burgund. An ihn erinnert das Schloß von Santenay, dessen Dach mit glasierten Ziegeln gedeckt ist. Das Gebäude beherbergt nicht nur einen Weinkeller aus dem 12. Jahrhundert, sondern auch ein Weinmuseum. Der Bergfried des Schlosses stammt aus dem 15. Jahrhundert, die Wohntrakte wurden im 18. Jahrhundert wiederaufgebaut. Außer dem Schloß prägen alte Wassermühlen, eine stillgelegte Windmühle und Häuser aus dem 17. und 18. Jahrhundert die Atmosphäre von Santenay.

Auf der nahen Montagne des Trois Croix bietet die kleine Kapelle Saint-Jean-de-Narosse aus dem 12. Jahrhundert eine herrliche Talsicht. Aber auch ein Blick ins Innere lohnt: Ihre mittelalterlichen Heiligenfiguren, die schön gearbeiteten Buntglasfenster und insbesondere die romanischen und gotischen Kapitelle sind sehenswert. Einem Renaissancebildhauer verdankt das Gotteshaus eine Steinstatue des heiligen Michael. Seit 1660 schmückt auch ein Relief der Jungfrau Maria mit dem Drachen von der Hand des ortsansässigen Bildhauers Bésullier die Kapelle.

Santenays Ursprünge liegen in vorrömischer Zeit. Auf der Montagne des Trois Croix fand man Spuren einer Nekropole aus der Steinzeit. Der Name des Dorfes ist lateinischen Ursprungs: *Sentilliacum* bezeichnet eine salzhaltige Mineralquelle, deren Heilkraft bei rheumatischen Leiden und Verdauungsstörungen weithin gerühmt wurde, lange bevor Santenay als Weindorf Geltung erlangte. Noch heute genießt es einen Ruf als Kurort. Wer möchte, kann im Kasino bei Roulette, Black Jack und Bakkarat seiner Spielleidenschaft frönen.

Berühmt ist Santenay für seine exzellenten Rotweine, die aus den auf 380 Hektar angebauten Pinot-Noir-Reben gekeltert werden. In geringem Umfang erzeugt man (aus Chardonnay-Trauben) auch Weißweine. Für die Verbreitung der Weine aus der Umgebung Santenays setzt sich die örtliche Weinvereinigung, die Confrérie des Grumeurs de Santenay, ein.

OBEN: In Santenay im äußersten Süden der Côte de Beaune finden sich architektonisch reizvolle Bauwerke wie diese ehemalige Mühle an der Dheune.
RECHTS: Vom Mont de Sène sieht man die Dörfer der Côte d'Or zwischen Weinbergen liegen, die jeden verfügbaren Hektar dieses zauberhaften Landstrichs bedecken.

Die Weinberge von Santenay am Ufer der Dheune liefern kräftige und angenehm fruchtige Rotweine.

LINKS OBEN: Ein mit Wein überwuchertes Hoftor in der Grande Rue.
LINKS UNTEN: Schmiedeeiserne Ornamente schmükken das Schloßtor.
RECHTS: Eine der alten Windmühlen in der Nähe des Ortes.

Semur-en-Auxois

In dem Städtchen Semur-en-Auxois, das auf einem rötlichen Felsrücken in einer Schleife des Armançon thront, wandelt man auf den Spuren des Mittelalters. Die Altstadt betritt man durch die mächtige Porte Sauvigny, ein Stadttor, das 1417 in die Befestigungsmauer aus dem 14. Jahrhundert geschlagen wurde. Die Rue Buffon, die an Frankreichs großen Naturforscher aus dem Nachbarort Montbard erinnert, führt an Häusern mit Fassaden aus der Renaissancezeit und dem 17. Jahrhundert entlang zur Place Notre-Dame und der gotischen Kirche gleichen Namens, einem der schönsten Gotteshäuser Burgunds.

Mit dem Bau der Kollegiatskirche wurde 1225 nach dem Vorbild von Auxerre und Dijon begonnen. Während der Revolution war sie Plünderungen ausgesetzt, wurde aber 1846 von Viollet-le-Duc prächtig restauriert. Ihr Hauptportal, die zur Rue Notre-Dame gelegene Porte des Bleds mit ihrem kunstvollen Tympanon, das die Legende des heiligen Thomas darstellt, datiert aus dem 13. Jahrhundert. Eine der Portalsäulen ist mit Schneckenskulpturen verziert – möglicherweise schätzte man in Burgund Schnecken bereits im Mittelalter als Delikatesse. Der 58 Meter hohe, achteckige Glockenturm wurde im 14. Jahrhundert angebaut.

Betritt man das Langhaus, empfängt einen ein elegantes schmales, außerordentlich hohes Mittelschiff. Auf kostbaren Buntglasfenstern aus dem 13. und 14. Jahrhundert sind traditionelle Handwerke dargestellt, u.a. ein Fleischer und ein Tuchmacher, die ihrem Gewerbe nachgehen. Ein weiteres Fenster thematisiert das Leben und die Leiden der heiligen Barbara: Folter, Hinrichtung und Himmelfahrt. Als Meisterwerk der burgundischen Schule gilt die bunt bemalte Grablegungsgruppe aus dem späten 15. Jahrhundert. Die Rippen der Apsis münden in einen Schlußstein mit einer Darstellung der Marienkrönung.

Neben dem Stadttor erinnern die vier massiven Rundtürme der ehemaligen Festung an die bewegte Vergangenheit von Semur-en-Auxois; der mächtigste, die Tour de l'Orle d'Or, ragt 44 Meter empor. Den Rest der Befestigungsanlagen ließ Heinrich IV. während der Religionskriege schleifen, da die Stadtbewohner die Katholiken unterstützten. Heute verläuft anstelle der Stadtmauern ein baumgesäumter Spazierweg.

OBEN: Die Balkone etlicher Häuser in Semur-en-Auxois sind mit schmiedeeisernen Gittern eingefaßt. Angeblich hat Herkules den Ort bei seiner Rückkehr aus Spanien gegründet. RECHTS: Hoch oben über Semur thront die Kirche Notre-Dame. Die Häuser dieses malerischen, am Armançon gelegenen Ortes schmiegen sich an den Hang.

FOLGENDE DOPPELSEITE: Die alten Häuser verleihen dem Dorf sein besonderes Flair.

LINKS: Das Mittelschiff von Notre-Dame gilt als eines der schönsten in Burgund. Hier ein Blick auf das Triforium des Chors.
UNTEN: Eine der Skulpturen: der gegeißelte Christus mit der Dornenkrone.
RECHTS: Bemerkenswert ist vor allem die Renaissancekanzel.

OBEN: Zwar ist Semur-en-Auxois mittelalterlichen Ursprungs, doch findet man dort auch viele schöne Bauten aus späteren Epochen.
RECHTS: Mittelalter pur – die mächtige Tour Margot, einer der vier erhaltenen Türme.

Die gemusterten Dächer Burgunds

UNTEN LINKS UND RECHTS: Impressionen aus Montchanin (Saône-et-Loire). Der Ort war im 19. Jahrhundert ein Zentrum der Ziegelindustrie.

RECHTS: Außergewöhnlich schöne Ziegelmuster machen das Dach des Palais Synodal in Sens zu einem wahren Schmuckstück.

Über den Ursprung der farbigen Ziegeldächer burgundischer Bauten wurde lange Zeit spekuliert. Heute neigt man zu der Auffassung, daß in ihnen flämischer Einfluß wirksam wurde. Eines der schönsten Beispiele findet man in Beaune an der alten Handelsstraße von Flandern nach Italien. Auf dem steilen, durch Lukarnen und Dachgaupen gegliederten Dach des 1443 gegründeten Hôtel-Dieu, in dem über fünfhundert Jahre lang die Armen und Alten der Stadt unentgeltlich gepflegt wurden, sind die bunten, glasierten Ziegel zu kunstvollen geometrischen Mustern angeordnet.

Neben jahrhundertealten Häusern, deren Dächer z.T. restauriert wurden, findet man auch zahlreiche Bauten aus dem 19. und frühen 20. Jahrhundert mit glasierten Ziegeldächern. Ein Beispiel für eine geglückte Restaurierung ist das imposante Schloß in La Rochepot südwestlich von Beaune. Die Festung aus dem 15. Jahrhundert wurde wäh-

LINKS OBEN: Auch manche Privathäuser sind mit farbigen Ziegeln gedeckt. Hier ein Gutshof bei Montchanin.
LINKS UNTEN: Weithin leuchtende gelbe Ziegel dominieren das kunstvoll gestaltete Dach des Hôtel de Ville in Meursault.
OBEN: Einen geradezu überwältigenden Anblick bietet das Dach des Hôtel-Dieu in Beaune.

rend der Revolution geplündert und drohte danach zu verfallen – bis 1894 der Sohn des französischen Präsidenten Marie-François Sadi Carnot den Architekten Charles Suisse und den Bildhauer Xavier Shanovski mit der Restaurierung beauftragte. Zwar schufen die beiden eine von der Sichtweise des späten 19. Jahrhunderts geprägte Imitation des ursprünglichen Bauwerks, dennoch kann ihre Arbeit als sehr gelungen gelten: Das mit farbigen Ziegeln gedeckte Dach des Schlosses, das in unmittelbarer Nachbarschaft der Weinhänge der Appellation Côte de Beaune-Villages liegt, erstrahlt heute wieder in alter oder, besser gesagt, neuer Pracht.

Wunderschön restauriert wurde auch das Dach des an der Südseite der Kathedrale Saint-Etienne in Sens gelegenen Palais Synodal aus dem 13. Jahrhundert. Seiner nahm sich im 19. Jahrhundert kein Geringerer als der Architekt Viollet-le-Duc an, der übrigens einmal gesagt haben soll, Krankheit könne ihn nicht schrecken, sofern sichergestellt sei, daß er im mittelalterlichen Hospiz zu Beaune gepflegt würde.

Ebenfalls im 19. Jahrhundert wurde in Montchanin in Saône-et-Loire die Ziegelfabrik Schneider gegründet, die dem Ort zu Berühmtheit in ganz Burgund verhalf. Von der Kunstfertigkeit der Ziegelbrenner zeugen in Montchanin prunkvolle Dächer, in denen das Praktische mit dem Ästhetischen vereint ist.

Auch das Rathaus von Meursault, ein ehemaliges Schloß, das 1337 erbaut und später aufwendig restauriert wurde, trägt ein schmuckes Ziegeldach, das man schon von weitem leuchten sieht.

Von der Finesse burgundischer Architektur war u.a. auch der Romancier Stendhal beeindruckt, als er in den 1830er Jahren durch die Region reiste. Und nicht nur in den Bauten, auch in den Gesichtern ihrer Bewohner meinte er einen Niederschlag jener Anmut zu erkennen, die – nicht nur seiner Meinung nach – Burgund charakterisiert. „Die Menschen, denen ich bei Dijon begegnete, waren klein, trocken, lebhaft und farbig", schrieb er und fügte hinzu: „Man merkt, daß der ausgezeichnete Wein ihr Temperament prägt."

LINKS UND RECHTS OBEN: Mit seinen herrlichen geometrischen Mustern aus farbigen Ziegeln ist das Dach des Hôtel-Dieu zum berühmtesten Dach Burgunds avanciert.

RECHTS: Auch das Schloß von La Rochepot, eines der schönsten Burgunds, reckt ein kunstvolles farbiges Ziegeldach gen Himmel.

Saône-et-Loire

Anzy-le-Duc
Buxy
Couches
Cuiseaux
Semur-en-Brionnais

Auch das südlichste Departement Burgunds, Saône-et-Loire, ist von zahlreichen Wasserläufen durchzogen. Die beiden Flüsse, die ihm seinen Namen gaben, verbindet der 1793 fertiggestellte Canal du Centre – früher ein Hauptverkehrsweg für Lastkähne und heute von zunehmender Bedeutung für die touristische Schiffahrt. Wo Fluß und Kanal aufeinandertreffen, findet man zumeist eine alte Stadt oder ein altes Dorf. Wie geschichtsträchtig die vorwiegend ländliche Gegend dieses Departements ist, beweist der Mont Beuvray, wo man Mauerreste der befestigten keltischen Siedlung Bibracte freigelegt hat; heute befindet sich dort die größte Ausgrabungsstätte Europas.

Bourbon-Lancy war bereits zur Römerzeit als Heilbad beliebt; das Wasser seiner Thermalquellen lindert Arthritis, rheumatische Leiden und Kreislauferkrankungen. Um das Jahr 10 v.Chr. gründete Kaiser Augustus die Stadt Autun. Im Laufe der folgenden Jahrhunderte entstanden mächtige Festungen (deren älteste das Château Saint-Hugues in Semur-en-Brionnais ist), wehrhafte Bauernhöfe, majestätische Schlösser und herrliche Kirchen, darunter einige der schönsten romanischen Sakralbauten Frankreichs. Sie alle setzen reizvolle architektonische Akzente in der abwechslungsreichen Landschaft des Departements Saône-et-Loire. Und wie vor Zeiten grasen auf den Weiden auch heute noch weiße Rinder, Schafe und Ziegen, letztere vor allem im Brionnais. Der hervorragende Ziegenkäse, den man aus ihrer Milch herstellt, wird u.a. auf dem montags stattfindenden Wochenmarkt des pittoresken Dörfchens Marcigny feilgeboten.

Wer in diesem Teil Burgunds unterwegs ist, wird immer wieder staunen, wieviel es dort zu entdecken gibt: Berge (Haut-Folin und Mont Beuvray, die höchsten Erhebungen des Morvan), dunkle Wälder, stille Seen, einsame Moorlandschaften, die kleinparzelligen Felder der Bresse mit ihren Fachwerkhäusern, romantische Flußläufe und Weiher, das saftige Weideland des Charollais-Brionnais und – nicht zu vergessen – die Weinberge am Ostufer der Saône. Hier hält man die Traditionen hoch und baut ausschließlich vier Rebsorten an: Chardonnay, Aligoté, Pinot Noir und Gamay. Reben ranken auch an vielen Hausfassaden in den Dörfern des Departements empor.

VORHERGEHENDE DOPPELSEITE (KLEINES BILD): In Saône-et-Loire lassen sich zahlreiche architektonische Kleinodien entdekken, so z.B. diese gotische Kapelle. Sie gehört zur Festung von Couches. VORHERGEHENDE DOPPELSEITE (GROSSES BILD): Auf üppigen Wiesen weiden die bekannten Charolais-Rinder.

RECHTS: Auf dem montäglichen Markt in Marcigny werden Erzeugnisse aus der Region angeboten.

Saône-et-Loire hat für jeden etwas zu bieten:
SEITE 190: Der Forêt de Planoise.
OBEN: Der Dorfplatz von Cuiseaux.
GANZ LINKS: Ein Torhaus in Semur-en-Brionnais.
LINKS: Menhire bei Epoigny.

Anzy-le-Duc

In diesem Dorf steht eine der schönsten romanischen Kirchen Südburgunds. Majestätisch grüßt ihr dreigeschossiger, achteckiger Vierungsturm mit Zwillingsfenstern unter Rundbogenblenden ins Brionnais und ins Tal der Arconce hinüber. Der dunkelockerfarbene Bau mit architektonischen Anleihen bei der Prioratskirche von Charlieu entstand im 11. Jahrhundert als Prioratskirche des Klosters Saint-Martin-d'Autun. Noch im selben Jahrhundert ließ Renaud de Semur, der Abt von Vézelay, die Pilgerkirche Sainte-Madeleine in Vézelay nach dem Vorbild von Sainte-Trinité in Anzy-le-Duc errichten. An ein dreischiffiges Langhaus mit fünf Jochen und herrlichem Kreuzrippengewölbe schließt ein Staffelchor an, dessen mittlere Apsis mit Fresken verziert ist.

Die Prunkstücke der Kirche sind ihre Figurenkapitelle aus dem 11. Jahrhundert. Das stark beschädigte Westportal trägt eine Darstellung der Majestas Domini. In der Krypta waren einst die Gebeine des Kirchengründers, des Benediktinermönchs Hugo, bestattet. 1576 entweihten die Hugenotten seine Grabstätte und verbrannten die Reliquien.

Die Geschichte Anzy-le-Ducs verlief nicht immer friedlich. Im Jahr 1366 nahm der Schwarze Prinz das Dorf ein, rund zweihundert Jahre später taten es ihm die Hugenotten gleich, und wenig später verwüstete die Heilige Liga den Ort. 1791 wurde die Priorei veräußert und zum Abbruch freigegeben, doch den Bewohnern von Anzy-le-Duc gelang es, ihre Kirche zurückzukaufen. Erhalten sind neben Teilen der alten Priorei auch Reste der Stadtmauer aus dem 12. Jahrhundert.

GANZ LINKS: Dieses schöne Portal ist im nahegelegenen Montceaux-l'Étoile zu bewundern.
LINKS: Das Tympanon an der Außenmauer des Klosters zeigt eine Majestas Domini.
RECHTS: Die Priorei von Anzy-le-Duc hat einen prachtvollen, weithin sichtbaren achteckigen Vierungsturm.

OBEN: Bei einem Spaziergang durch den Ort stößt man immer wieder auf stille, versteckte Winkel.
RECHTS: Traditionelles Handwerk wird in Anzy-le-Duc noch heute hochgehalten.

Buxy

Vierzehn Kilometer südwestlich von Chalon-sur-Saône, an der Weinstraße von Beaune nach Cluny, liegt Buxy. Schmucke Häuser mit grauen Ziegeldächern prägen den Ortskern. Viele von ihnen stammen aus dem 15. und 16. Jahrhundert.

Von der einstigen Festung und den alten Verteidigungsanlagen sind nur noch Reste zu sehen, u.a. die beiden Rundtürme Tour Rouge und Tour Saccazand. Das Schloß von Buxy entstand im wesentlichen zwischen dem 14. und dem 16. Jahrhundert; die Fassade datiert aus dem Empire.

Mit dem Bau der Pfarrkirche wurde in der Romanik begonnen, ihre Fassade allerdings im 14. Jahrhundert erneuert, und im 16. Jahrhundert kam ein Uhrturm hinzu. Berühmt ist Buxy für seine weißen Burgunderweine, insbesondere den Bourgogne Aligoté, doch bringen die Weinberge der Umgebung, die zum Anbaugebiet Côte Chalonnaise gehören, auch einen ausgezeichneten roten Burgunder sowie den Schaumwein Crémant de Bourgogne hervor. Für eine Weinprobe, insbesondere des trockenen Montagny, empfiehlt sich ein Besuch des Weinkellers in der Tour Rouge.

UNTEN LINKS: Diese Werbung für Weine aus Buxy zeigt nicht nur eine feucht-fröhliche Gesellschaft, sondern auch zwei Männer, die die Trauben nach traditioneller Manier mit den bloßen Füßen zerstampfen.
UNTEN RECHTS: Schild mit der Darstellung eines Winzers mit Bütte auf dem Rücken, der einem Mädchen ein Glas Wein anbietet.
RECHTS: Ein altes Fachwerkhaus an der Place de l'Église.

PATISSERIE
CONFISERIE

LINKS OBEN: Ein Panoramablick von Westen auf Buxy.
LINKS UNTEN: Gebäck und frisches Brot gibt es beim Bäcker an der Rue du Moulin.

RECHTS: Einer der beiden erhaltenen Rundtürme der alten Befestigungsanlagen.

Couches

Das Weindorf Couches, auch als Couches-les-Vignes bekannt, wird von einer Burg überragt, die einst Margarete von Burgund gehörte. Hier verbrachte sie ihre letzten Lebensjahre, nachdem ihr Gatte Ludwig X. sie 1315 wegen Ehebruchs verstoßen hatte. Sie starb dort, einsam und vergessen, im Jahr 1333.

Mauern, Rundtürme und Zugbrücke aus dem 13. Jahrhundert umgeben einen mit Pechnasen bewehrten Bergfried aus dem 11. Jahrhundert. Zur Burganlage gehören außerdem ein polygonaler Treppenturm, eine gotische Kapelle sowie Wohngebäude mit z.T. farbigen Ziegeldächern aus dem 15. Jahrhundert und unterirdische Gänge.

Die Türmchen an manchen der alten Wohnhäuser verleihen dem Ort ein altertümliches Flair. Eines der Häuser erbauten die Ritter des Templerordens im 17. Jahrhundert. Seine Fassade wird von zwei quadratischen Türmen aus dem 15. Jahrhundert flankiert. Aus derselben Epoche stammen die Priorei Saint-Georges mit ihrer romanischen Apsis und die Pfarrkirche Saint-Martin.

Couches hat bewegte Zeiten hinter sich. Im 16. Jahrhundert forderten die Hugenottenkriege ihren Tribut, im 17. Jahrhundert mußte sich die örtliche Geistlichkeit nach längeren Kämpfen dem Jesuitenorden unterwerfen.

RECHTS: Besonders eindrucksvoll wirkt die Burg Margarete von Burgunds bei nächtlicher Beleuchtung.
UNTEN: Kunstinteressierte kommen bei der Besichtigung der prachtvoll ausgestatteten Innenräume auf ihre Kosten.

LINKS: Oft sind es Details, die den Dörfern ihren besonderen Reiz verleihen. Hier ein schmiedeeisernes Balkongitter in Couches.
RECHTS: Imposant wirkt das von Türmen flankierte Portal des Maison des Templiers, das die Ritter des Templerordens im 17. Jahrhundert erbauten.

19

LINKS: Im potager, *dem Küchengarten hinter dem Haus, gedeihen Gemüse und Kräuter.*
RECHTS: Ein altes Tor mit einem Löwenkopf als Türklopfer.

Cuiseaux

An der Grenze zwischen Bresse und Jura liegt Cuiseaux mit seinen schmalen, gewundenen Gassen und hübschen Häusern. Von den Befestigungsanlagen aus dem 11. Jahrhundert sind lediglich ein quadratischer Turm und die Porte du Verger erhalten. Den Dorfplatz säumen Häuser mit malerisch wirkenden Arkaden. In der Mitte des Platzes erinnert ein Brunnen an den berühmtesten Sohn des Ortes, den Maler Pierre Puvis de Chavannes (1824–1898). Ebenfalls aus Cuiseaux stammte der bekannte Maler und Graphiker Édouard Vuillard (1868–1940). Manche der Renaissancehäuser ziehen den Blick durch ihre wunderschönen Fenster auf sich. Springbrunnen zeugen vom Wohlstand der einstigen Dorfbewohner. Im 15. und 16. Jahrhundert erbauten die Fürsten von Oranien, die damals weite Teile Burgunds beherrschten, in Cuiseaux ein Schloß. Heute ist darin ein der Weinkultur gewidmetes Museum untergebracht.

Als Grenzort zwischen Burgund und Franche-Comté lag Cuiseaux immer wieder in der Schußlinie feindlicher Heere. So wurde der Ort am 25. Juni 1477 von den Truppen Ludwigs XI. geplündert.

Das Gotteshaus von Cuiseaux ist dem heiligen Thomas Becket gewidmet; es wurde im 19. Jahrhundert errichtet, beherbergt jedoch mehrere Kostbarkeiten aus einer weit älteren Kirche, die ursprünglich hier stand, u.a. Statuen aus dem 13. bis 16. Jahrhundert (darunter eine Schwarze Madonna), ein Chorgestühl aus dem 16. Jahrhundert, das Heilige mit ihren Attributen zeigt, sowie Gemälde früher italienischer Meister. Sehenswert ist auch die Friedhofskapelle aus dem 15. Jahrhundert mit ihrem Steindach und einer Kreuzigungsgruppe. Wer einen Dorfrundgang machen möchte, der sämtliche Sehenswürdigkeiten des Ortes berührt, braucht nur den gelben Pfeilmarkierungen zu folgen.

LINKS: Ein schlichtes Holztor in Cuiseaux.
RECHTS OBEN: Die schmalen Straßen von Cuixeaux sind teils von schönen Renaissancehäusern gesäumt. Auch das Schloß der Fürsten von Oranien und die Pfarrkirche sind einen Besuch wert.
RECHTS UNTEN: Die Arkaden der Place de Puvis de Chavannes von Cuiseaux.

LIBERTE
PLACE
PUVIS DE CHAVANNES

Diese Doppelseite: In Cuiseaux, hier vom Friedhof aus aufgenommen (links), führen alle Wege zur Kirche.

OBEN: Cuiseaux' alte Stadtmauer in der Nähe der Porte du Verger. RECHTS: Ein kleines, altes Haus in der Rue Saint-Thomas. GANZ RECHTS: Die Pfarrkirche von Cuiseaux lugt über die mächtige Stadtmauer.

Semur-en-Brionnais

Bei der Namensgebung dieses Ortes standen Kelten und Römer Pate: Das keltische *sno* bedeutet „alt", das lateinische *murus* „Mauer". Von den imposanten Befestigungsanlagen aus dem Mittelalter sind zwei Stadttore sowie zwei Rundtürme der Burg Saint-Hugues erhalten. Der romanische Donjon aus dem 10. Jahrhundert diente während der Französischen Revolution als Verlies. Davon sind noch heute Spuren zu sehen. Von der Burgruine hat man einen großartigen Blick auf die Berge von La Madeleine und Forez.

Das Dorf selbst hat ein beeindruckendes Rathaus aus dem 18. Jahrhundert sowie Wohnhäuser aus dem 16. bis 18. Jahrhundert zu bieten. In einigen der stattlichen Gebäude lebten früher wohlhabende Stiftsherren.

Die dreischiffige Basilika Saint-Hilaire, ein Juwel sakraler Baukunst, ist der Abteikirche von Cluny nachempfunden. Chor und Querschiff entstanden Ende des 12. und im ersten Drittel des 13. Jahrhunderts, die restlichen Gebäudeteile in der zweiten Hälfte des 13. Jahrhunderts. Das 1576 von Hugenotten zerstörte Mittelschiffgewölbe wurde im 19. Jahrhundert ersetzt. Beeindruckend ist vor allem das reichverzierte Westportal, dessen Türsturz die Legende des heiligen Hilarius und dessen Tympanon eine Majestas Domini zeigt. Der Chor besteht aus drei parallel angeordneten Apsiden mit einfachen romanischen Fenstern. Das erste Freigeschoß des achteckigen Vierungsturms schmücken Blendarkaden, das Obergeschoß Spitzbogenfenster aus dem 13. Jahrhundert.

UNTEN: Über der Tür des Rathauses (18. Jahrhundert) von Semur-en-Brionnais sind die Attribute Justitias in Stein gehauen. RECHTS: Am Samstagnachmittag trifft man sich zu einer Partie Boule.

le Grenier à Sel

OBEN: Spielende Kinder in Semur-en-Brionnais. RECHTS: Vom nahegelegenen Saint-Martin-de-la-Vallée aus wirkt der achteckige Vierungsturm von Semur-en-Brionnais winzig, die Festungsbauten dagegen äußerst wehrhaft.

LINKS: Als Meisterwerk romanischer Architektur nach dem Vorbild Clunys gilt die Kirche Saint-Hilaire aus dem 12. Jahrhundert. Eine Besonderheit ist die kleine Tribüne an der Innenseite der Westfassade. In der Burg von Semur-en-Brionnais wurde 1024 der heilige Hugo, einer der berühmtesten Äbte Clunys, geboren. RECHTS: Im Türsturz des Westportals sind Szenen aus dem Leben des heiligen Hilarius dargestellt; das Tympanon zeigt eine Majestas Domini.

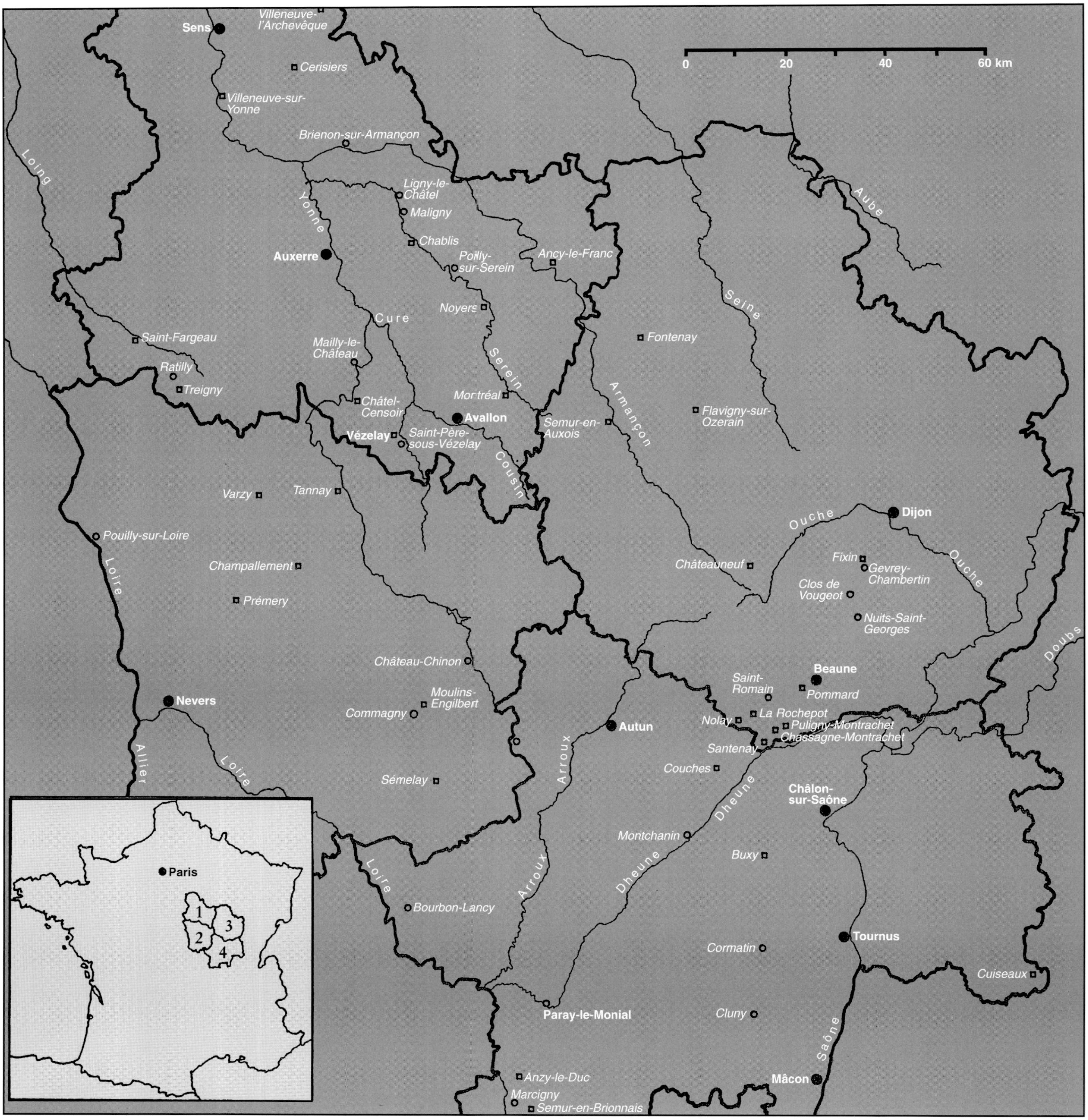

1 Departement Yonne
2 Departement Nièvre
3 Departement Côte d'Or
4 Departement Sâone-et-Loire

Praktische Hinweise

Alle Angaben wurden nach bestem Wissen und Gewissen gemacht. Sollten sich dennoch Fehler oder Unstimmigkeiten eingeschlichen haben, können weder Verlag noch Verfasser, noch die Übersetzer die Haftung übernehmen. Die Bewertung der Hotels und Restaurants wurde nach den Maßstäben des französischen Fremdenverkehrsamtes vorgenommen.

(Chambres d'hôte sind Zimmer mit Frühstück, Fermes-auberges Pensionen auf Bauernhöfen.)

Bitte beachten Sie, daß allen Telefonnummern in Burgund die Gebietskennzahl 3 voranzustellen ist.

ÖRTLICHE FREMDENVERKEHRSVERBÄNDE

(Weitere Informationen unter den einzelnen Orten und Departements.)
Comité Régional du Tourisme de Bourgogne, Conseil Régional: 21035 Dijon, Tel.: 80 50 90 00.
Archäologisches Zentrum Mont Beuvray: 58370 Glux-en-Glenne, Tel.: 86 78 69 00.
Musée Alésia (Ausgrabungsfunde aus gallorömischer Zeit): Alise-Sainte-Reine, 22. März bis 30. Juni 10.00–18.00, Juli/August 9.00–19.00, September und November 10.00–18.00, Tel.: 80 96 10 95.

YONNE

Comité Départemental du Tourisme de l'Yonne, 1–2, Quai de la République, 89000 Auxerre, Tel.: 86 52 26 27.

Ancy-le-Franc

Feste und Veranstaltungen
Jahrmarkt: drittes Wochenende im Juni. Örtlicher Feiertag: erster Sonntag im Mai.
Märkte
Donnerstags.
Sehenswürdigkeiten
Renaissanceschloß: April bis Mitte November 10.00–12.00 und 14.00–18.00, Tel.: 86 75 14 63.
Auto- und Kutschenmuseum, Tel.: 86 75 12 41.
Hotel-Restaurants
Hôtel de la Poste, Tel.: 86 75 14 13.
Hostellerie du Centre, Tel.: 86 75 15 11.
Hôtel de l'Écluse, Tel.: 86 75 18 51.
Camping
Camping Municipal, Tel.: 86 75 13 21.
Information
Ehemalige Fayencerie des Schlosses, Tel.: 86 75 03 15.

Cerisiers

Feste und Veranstaltungen
Patronatsfest: Sonntag nach Christi Himmelfahrt. Gemeindefest: 29. August. Patronatsfest zu Ehren des heiligen Lupus (Brienon-sur-Armançon): erster Sonntag im September. Jahrmarkt (Brienon-sur-Armançon): am Sonntag, der dem 25. November am nächsten liegt.
Märkte
Donnerstags: Cerisiers. Dienstags und freitags: Brienon-sur-Armançon.
Hotels
Le Relais de Saint-Loup: Brienon-sur-Armançon, Tel.: 86 56 11 93.
Camping
Camping Municipal: Brienon-sur-Armançon, Tel.: 86 43 00 67.
Restaurants
Crêperie d'Othe: Cerisiers, Tel.: 86 96 21 33.

Chablis

Feste und Veranstaltungen
Weinfest und Fest des heiligen Vincentius: vierter Sonntag im November. Patronatsfest (Épineuil): 24. Juni. Karneval (Épineuil): 15. August. Patronatsfest (Maligny): erster Sonntag im September. Gemeindefest (Maligny): 8. September.
Märkte
Sonntags.
Sehenswürdigkeiten
Droin, Jean-Paul: 14 bis, Rue Jean-Jaurès, 89800 Chablis, Tel.: 86 42 16 78.
Maison de la Vigne et du Vin de Chablis, Tel.: 86 42 80 80.
Domaine Alain Geoffrey, Tel.: 86 42 13 30; Weinprobe nach Anmeldung.
Cave William Fèvre: täglich geöffnet (außer Sonntag nachmittags und montags), Tel.: 86 42 12 06.
Hotel-Restaurants
****Hostellerie des Clos,* Tel.: 86 42 10 63.
***Hôtel de l'Étoile,* Tel.: 86 42 10 50.
***Hôtel-Restaurant Ibis,* Tel.: 86 42 49 20.
***Le Vieux Moulin de Chablis,* Tel.: 86 42 47 30.
***Au Vrai Chablis,* Tel.: 86 42 11 43.
Camping
Camping Municipal, Tel.: 86 42 44 39.
Information
1, Rue de Chichée, Tel.: 86 42 80 80.

Châtel-Censoir

Feste und Veranstaltungen
Jahrmarkt: zweiter Donnerstag im Monat. Patronats- und Gemeindefest: Sonntag nach dem 19. Oktober.
Märkte
Donnerstags.
Camping
Camping Municipal Le Petit-Port, Tel.: 86 81 01 98.

Montréal

Feste und Veranstaltungen
Patronatsfest: Palmsonntag. Gemeindefest: Sonntag nach Mariä Himmelfahrt (15. August).
Restaurants
Les Deux Compères, Tel.: 86 32 19 47.

Noyers

Feste und Veranstaltungen
Patronatsfest: 24. April oder darauffolgender Sonntag. Musikfestival: Pfingstwochenende. Sommerkonzerte.
Sehenswürdigkeiten
Musée Municipal (mit einer Sammlung prähistorischer Funde und anderer Exponate aus der Gegend).
Musée d'Art Naïf (naive Kunst, ausgestellt in einer Villa aus dem 18. Jahrhundert): 1. Juni bis 30. September täglich, Tel.: 86 82 89 09.
Hotel-Restaurants
Hôtel de la Vieille Tour: Place du Grenier-à-Sel, Tel.: 86 82 87 69, geöffnet von Ostern bis Allerheiligen.
Restaurants
Auberge La Beursaudière: 9, Chemin de la Ronde, 89310 Nitry (10 km entfernt von Noyers, zu erreichen auf der D 49), Tel.: 86 33 65 21.
Information
Bürgermeisteramt, Tel.: 86 55 83 72. Ostermontag bis 1. September: Führungen durch das mittelalterliche Stadtviertel auf Anfrage (möglichst drei Wochen im voraus).

Saint-Fargeau

Feste und Veranstaltungen
Das Schloß von Saint-Fargeau ist im Juli und August Kulisse für aufwendige *Son-et-Lumière*-Aufführungen. Patronatsfest: zweiter Sonntag im September.
Märkte
Freitags.
Sehenswürdigkeiten
Schloß: Palmsonntag bis 11. November täglich 10.00–12.00 und 14.00–19.00, Tel.: 86 74 05 67; Führungen.
La Ferme du Château (typischer Bauernhof der Puisaye vom Beginn des 20. Jahrhunderts): 1. April bis 11. November täglich 10.00–19.00, Tel.: 86 74 03 76.
Boutissaint-Wildreservat: Mitte Juli bis Mitte August 8.00–20.00, Tel.: 86 74 71 28.
Hotels
***Le Relais du Château*: 24, Rue Saint-Martin, Promenade de Grillon, Tel.: 86 74 01 75.
Chambres d'hôte
Rolaz, Dominique-Marie-Odile: 10, Rue Porte Marlotte, Tel.: 86 74 12 28.
Camping
Camping Municipal La Calanque: Réservoir du Bourdon, Tel.: 86 74 04 55.
Restaurants
La Boule d'Or: Place de Lattre-de-Tassigny, Tel.: 86 74 01 18.
Information
Place du Château, Tel.: 86 74 15 72.

Tanlay

Feste und Veranstaltungen
Gemeindefest: zweiter Sonntag im September.
Sehenswürdigkeiten
Schloß: April bis Mitte November, Führungen täglich (außer dienstags) 9.30–11.30 und 14.15–17.15, in den übrigen Monaten nach Anmeldung, Tel.: 86 75 70 61; dem Schloß angegliedert ist ein Golfplatz mit neun Löchern, Tel.: 86 75 72 92.
Hotel-Restaurants
Auberge du Château: Tel.: 86 75 71 76.

Treigny

Feste und Veranstaltungen
Jahrmarkt: zweiter Sonntag im März. Töpferfest: Mitte August. Festlichkeiten im Naturpark Boutissaint: Juli/August.
Märkte
Sonntag vormittags.
Sehenswürdigkeiten
Ehemaliges Kanonikerhaus (Ausstellung von Töpferarbeiten: Mitte Juni bis Mitte September 14.00–19.00.
Naturpark Boutissaint, Tel.: 86 74 07 08.
Château de Ratilly: Ostern bis Allerheiligen 10.00–12.00 und 15.00–18.00, Mitte Juni bis Mitte September 10.00–18.00, sonst 14.00–17.00, Tel.: 86 74 79 54.
Information
Place de la Mairie, Tel.: 86 74 66 33.

Vézelay

Feste und Veranstaltungen
Fest zu Ehren der heiligen Maria Magdalena: zweite Julihälfte. Wallfahrt zur

Mauern und Dächer in Vézelay.

Abtei: 22. Juli. Konzerte in der Abtei: Juni bis September, Tel.: 86 33 26 73.
Sehenswürdigkeiten
Abtei: während der Saison 7.00–19.00, außerhalb der Saison von Sonnenaufgang bis Sonnenuntergang, jedoch nicht während der Gottesdienste.
Naturpark Morvan: Information beim Maison du Parc, Tel.: 86 78 70 16.
Musée de l'Œuvre de la Basilique Sainte-Madeleine (Skulpturen): 21. Juni bis Ende September täglich, Tel.: 86 33 24 62.
Hotel-Restaurants
****Hôtel de la Poste,* Tel.: 86 33 21 23.
****Résidence-Hôtel Le Ponton,* Tel.: 86 33 24 40.
***Le Compostelle,* Tel.: 86 33 28 63.
***Relais du Morvan,* Tel.: 86 33 25 33.
Camping
Camping Municipal La Croix-Sainte, Tel.: 86 33 24 18.
Restaurants
Brasserie La Dent Creuse, Tel.: 86 33 36 33.
Le Bougainville, Tel.: 86 33 27 57.
Information
Rue Saint-Pierre, Tel.: 86 33 23 69.

Villeneuve-l'Archevêque
Feste und Veranstaltungen
Patronatsfest: zweiter Sonntag im September. Jahrmarkt: zweiter Sonntag im Dezember.
Märkte
Samstags.
Hotel-Restaurants
Auberge des Vieux Moulins Banaux, Tel.: 86 86 72 55.
Camping
Camping Piscine de Courgenay, Tel.: 86 86 82 07.

Villeneuve-sur-Yonne
Feste und Veranstaltungen
Patronatsfest: 15. August.
Märkte
Dienstags und freitags.
Hotels
Hostellerie du Dauphin, Tel.: 86 87 18 55.
Auberge La Lucarne aux Chouettes, Tel.: 86 87 18 26.
Chambres d'hôte
Domaine de Cochepie, Tel.: 86 87 39 76.
Camping
Camping du Saucil, Tel.: 86 97 00 69.

NIÈVRE
Comité Départemental du Tourisme de la Nièvre: 3, Rue du Sort, 58000 Nevers, Tel.: 86 36 39 80.
Oppidum bei Bibracte: 18. Juni bis Ende September, Führungen 10.00–15.00; in den übrigen Monaten nach Anmeldung, Tel.: 86 78 61 55.
Bootsfahrten auf dem Lac des Settons während der Hauptferienzeit, Tel.: 86 84 51 97/81.

Panoramablick auf Sémelay.

Champallement
Feste und Veranstaltungen
Jahrmarkt (Saint-Révérien): erster Dienstag im Monat. Pferdemarkt (Saint-Révérien): 30. Mai. Örtlicher Feiertag (Crux-la-Ville): Sonntag nach dem 24. Juni.
Sehenswürdigkeiten
Compierre (gallorömische Ausgrabungsstätte): täglich, Tel.: 86 29 03 38.
Unterkünfte
La Comme (Crux-la-Ville), Tel.: 86 58 30 34.
Camping
L'Étang du Merle (Crux-la-Ville), Tel.: 86 58 38 42.
Information
Bürgermeisteramt (Champallement), Tel.: 86 29 03 38.

Moulins-Engilbert
Feste und Veranstaltungen
Jahrmarkt: erster Dienstag im Monat. Örtliche Feiertage: 14./15. Juni. Fischerfest und Wettfischen: Ende Juli. Erntefest im August.
Märkte
Dienstags und donnerstags. Schafauktion montags; Viehauktion (Rinder) dienstags. Besuche möglich, Tel.: 86 84 28 75.

Hotel-Restaurants
**Au Bon Laboureur,* Tel.: 86 84 20 55.
Sonstige Unterkünfte
Les Levées, Tel.: 86 59 14 22.
Restaurants
Le Cadran, Tel.: 86 84 33 44.

Prémery
Feste und Veranstaltungen
Fohlenmarkt: erster Dienstag im Monat. Kälbermarkt: 5. November. Sankt-Nikolaus-Geflügelmarkt: 6. Dezember. Gemeindefest: letzter Sonntag im Mai. Patronatsfest: erster Sonntag im September (zu Ehren des heiligen Marcellus). Im nahegelegenen Montenoison: Gemeindefest: 24. Juni; Patronatsfest: 15. August.
Märkte
Dienstag und Samstag vormittags.
Sehenswürdigkeiten
Giry: herrliches Schloß aus dem 14. Jahrhundert (im Sommer zu besichtigen), Eichenwald und romanische Kirche aus dem 12. Jahrhundert.
Montenoison: Schloßruine (13. Jahrhundert) und alte Kirche.
Hotel-Restaurants
***Manoir des Terres Blanches,* Tel.: 86 37 96 01.

Hotels
Le Routier, Tel.: 86 37 97 59.
Central Hôtel, Tel.: 86 37 93 55.
Chambres d'hôte
Mme. Taylor, Tel.: 86 60 15 08.
M. und Mme. Fayolle, Tel.: 86 68 06 77.
Sonstige Unterkünfte
Mme. Gilles, Tel.: 86 68 06 81.
Camping
Les Prés de la Ville, Tel.: 86 37 99 42.
Restaurants
Café du Centre, Tel.: 86 68 10 85.
Les 4 Saisons, Tel.: 86 68 10 91.
Le P'tit Prémery, Tel.: 86 68 11 96.
Le Vénus, Tel.: 86 37 94 96.
Information
Mitte Juni bis Mitte September: Schloßturm, Tel.: 86 37 99 07, übrige Monate: Bürgermeisteramt, Tel.: 86 68 12 40.

Sémelay
Feste und Veranstaltungen
Patronatsfest: zweiter Sonntag im Juli. Wettfischen: letzter Sonntag im Juli.
Chambres d'hôte
Domaine de la Chaume, Tel.: 86 30 91 23.
Le Martray, Tel.: 86 30 91 51.
Sonstige Unterkünfte
La Bussière, Tel.: 86 30 01 28.

Tannay
Feste und Veranstaltungen
Fest des heiligen Vincentius: dritter oder vierter Sonntag im Januar. Frühlingsfest: zweiter Sonntag im Mai. Boule-Wettkampf und Schinkenfest: zweiter Sonntag im August. Fischerfest: 15. August. Fest der heiligen Katharina: dritter oder vierter Sonntag im November. Jahrmarkt: vierter Sonntag im Monat.
Märkte
Sonntags.
Sehenswürdigkeiten
Mont-Sabot: Von der Kapelle der ehemaligen Festung aus (416 Meter) hat man einen herrlichen Blick über den Morvan.
Hotel-Restaurants
**La Margelle,* Tel.: 86 29 33 44.
Le Relais Fleuri, Tel.: 86 29 84 57.
Sonstige Unterkünfte
Bürgermeisteramt, Place Charles Chaigneau, Tel.: 86 29 84 53.
Camping
Les Grandes-Ilôtes, Tel.: 86 29 84 53.
Restaurants
Le Sélect, Tel.: 86 29 74 05.
Bar La Taverne, Tel.: 86 29 31 87.
Information
Bürgermeisteramt, Tel.: 86 29 84 53.

Varzy
Feste und Veranstaltungen
Jahrmarkt: dritter Sonntag im Monat. Fest und Jahrmarkt zu Ehren des heiligen Georg: Sonntag, der dem 23. April am

nächsten liegt. Ferienmesse: Sonntag, der dem 15. August am nächsten liegt. Gemeindefest: Pfingstsonntag und -montag. Patronatsfest: vorletzter Sonntag im Juli.

Märkte

Donnerstags.

Sehenswürdigkeiten

Musée Grasset: 1. März bis 30. Oktober täglich (außer dienstags), in den übrigen Monaten (außer Januar) nur an Sonn- und Feiertagen sowie in den Schulferien, Tel.: 86 29 72 03. Der Humanist August Grasset hat hier ab 1862 eine Sammlung von rund 3500 Exponaten aus aller Welt zusammengetragen, darunter Keramik, Möbel, Gemälde, Skulpturen und Waffen.

Hotel-Restaurants

M. Langlos Restaurant-Hôtel, Tel.: 86 29 41 72.
Hôtel-Restaurant de la Gare, Tel.: 86 29 44 16.

Camping

Camping du Moulin-Naudin, Tel.: 86 29 43 12.

Information

Bürgermeisteramt, Tel.: 86 29 43 73.

CÔTE D'OR

Comité Départemental du Tourisme de la Côte d'Or: Hôtel du Département, 21035 Dijon, Tel.: 80 49 90 97.
Château du Clos de Vougeot: April bis September 9.00–18.30, in den übrigen Monaten 9.00–11.30 und 14.00–17.00, Tel.: 80 62 86 09.

Chassagne-Montrachet und Puligny-Montrachet

Feste und Veranstaltungen

Patronatsfest: letzter Sonntag im April. Gemeindefest: Sonntag nach dem 25. April.

Sehenswürdigkeiten

Weinproben bieten an:
Domaine du Château de Chassagne-Montrachet, Tel.: 80 21 30 22.
Domaine Bechelet Ramonet (Chassagne-Montrachet), Tel.: 80 21 32 49.
Domaine Marc Morey et Fils (Chassagne-Montrachet), Tel.: 80 21 30 11.
Domaine Gérard Chavy et Fils (Puligny-Montrachet), Tel.: 80 21 31 47.

Hotel-Restaurants

Le Montrachet (Puligny-Montrachet), Tel.: 80 21 03 06.

Chambres d'hôte

Jarlaud, Robert und Margaret (Chassagne-Montrachet), Tel.: 80 21 36 09.

Châteauneuf

Feste und Veranstaltungen

Örtliche Feiertage: erster Sonntag im Mai, erster Sonntag im Oktober, 2. November. Messe zu Ehren des heiligen Hubertus mit Segnung von Hunden und Pferden. Weihnachtsmesse mit Krippenspiel.

Sehenswürdigkeiten

Schloß: Mai bis September Führungen 9.30–11.30 und 14.00–17.00, Oktober bis April 10.00, 12.00, 14.00 und 15.00, geschlossen: dienstags, mittwochs, 1. Januar, 1. Mai, 1. und 11. November, 25. Dezember.

Hotel-Restaurants

Hostellerie du Château, Tel.: 80 49 22 00.

Sonstige Unterkünfte

Bagatelle, Annie, Tel.: 80 49 21 49.

Information

Association Les Amis de Châteauneuf, Pouilly-en-Auxois, Tel.: 80 90 74 24.

Fixin

Feste und Veranstaltungen

Örtlicher Feiertag: zweiter Sonntag im Juni.

Sehenswürdigkeiten

Fixey: Besuche nach Voranmeldung samstags und sonntags, Tel.: 80 52 45 52, Kirche aus dem 10./12. Jahrhundert.
Musée Noisot, Tel.: 80 52 45 33.
Domaine Clos Saint-Louis (Weinhandel), Tel.: 80 52 45 51.
Manoir de la Perrière (Weinhandel; hier kann eine alte Weinpresse besichtigt werden), Tel.: 80 52 47 85.

Hotel-Restaurants

***Hôtel Chez Jeannette,* Tel.: 80 51 45 49.

Hotels

Domaine de Saint-Antoine, Tel.: 80 52 50 04.

Chambres d'hôte

Ferme des Champs aux Pierres, Tel.: 80 52 45 73.

Restaurants

Restaurant au Clos Napoléon, Tel.: 80 32 45 63.
Restaurant La Courte Paille, Tel.: 80 52 46 00.

Flavigny-sur-Ozerain

Feste und Veranstaltungen

Örtlicher Feiertag: zweiter Sonntag im Juni.

Sehenswürdigkeiten

Anispastillen-Fabrik: Montag bis Freitag (außer im August) 8.30–10.30, Tel.: 80 96 20 88.
Rundgänge mit Führung durch das mittelalterliche Flavigny-sur-Ozerain, Tel.: 80 96 25 34.
Krypta der Kirche Sainte-Reine: 8.15–11.15 und 13.30–17.15, sonntags 10.00–12.00 und 14.00–18.00.

Hotel-Restaurants

Le Relais de Flavigny, Tel.: 80 96 21 73.

Chambres d'hôte

Couvent des Castafours, Tel.: 80 96 24 92.

Fermes-auberges

La Grange de Flavigny, Tel.: 80 96 20 62.

Sonstige Unterkünfte

La Licorne Bleue: Rue de la Poterne, Tel.: 80 96 20 59.

Restaurants

La Grange, Tel.: 80 96 20 62.

Information

Maison au Donataire (erbaut im 15./16. Jahrhundert), Tel.: 80 96 24 65.

Fontenay

Sehenswürdigkeiten

Zisterzienserabtei. Führungen das ganze Jahr über täglich zwischen 9.00 und 12.00 sowie 14.30 und 18.30, Tel.: 80 92 15 00.
Buffon-Park: Juni bis September täglich (außer dienstags) 10.00–12.00 und 14.30–18.00. Dieser wunderschöne Park im nahegelegenen Montbard ist nach dem großen französischen Naturforscher aus dem 18. Jahrhundert benannt.
Musée Buffon (am Eingang zum Park): April bis November täglich (außer dienstags) 10.00–12.00 und 15.00–18.00 (während der übrigen Monate bis 17.00).

Hotel-Restaurants

****Hôtel de l'Écu* (Montbard), Tel.: 80 92 11 66.
***Hôtel de la Gare,* Tel.: 80 92 02 12.
***Le Cyclamen,* Tel.: 80 92 08 62.
**Hôtel Le Vieux Jambon* (Marmagne), Tel.: 85 78 20 32.
Château de Malaisy (Fain-lès-Montbard), Tel.: 80 89 46 54.

Fermes-auberges

Ferme-Auberge Morvandelle, Tel.: 80 84 33 32.

Information

Montbard, Tel.: 80 92 03 75.

Nolay

Feste und Veranstaltungen

Gemeindefest: erster Sonntag im Mai. Patronatsfeste: 22. Januar und zweiter Sonntag im September.

Märkte

Montag vormittags.

Hotel-Restaurants

***Hôtel du Chevreuil,* Tel.: 80 21 71 89.
***Hôtel Sainte-Marie,* Tel.: 80 21 73 19.
***Hôtel du Parc,* Tel.: 80 21 84 12.
**Le Relais de Nolay,* Tel.: 80 21 85 98.
**Motel Le Carnot,* Tel.: 80 21 70 73.

Chambres d'hôte

Cherau, Yves und Marie-Odile, Tel.: 80 21 77 55.
Biton, Jean, Tel.: 80 21 73 59.
Loret, Hélène, Tel.: 80 21 85 06.

Camping

Camping Municipal: Route de Couches, Tel.: 80 21 79 61.

Restaurants

Le Burgonde, Tel.: 80 21 71 25.
La Dent Creuze, Tel.: 80 21 81 02.

Information

Place des Halles, Tel.: 80 21 80 73.

Pommard

Feste und Veranstaltungen

Örtlicher Feiertag: erster Sonntag im Juli.

Sehenswürdigkeiten

Weinproben bieten an:
Domaine André Mussy, Tel.: 80 22 05 56.
Maison Brzezinski, Tel.: 80 22 23 99.
Domaine Virily-Arcelin, Tel.: 80 22 19 71.
Château de Pommard Ende März bis dritten Sonntag im November täglich, Tel.: 80 22 07 99.

Restaurants

Café-Restaurant du Pont, Tel.: 80 22 03 41.

Santenay

Feste und Veranstaltungen

Bankette der Grumeurs de Santenay am vorletzten Samstag im Januar, am vierten Samstag im Juni (mit Ehrung eines Schriftstellers) und am dritten Freitag im November (mit neuem Wein aus Santenay). Örtlicher Feiertag: 6. Juni.

Sehenswürdigkeiten

Schloß Philipps des Kühnen (mit Weinkeller): geöffnet 10.00–12.00 und 14.00–17.00, Tel.: 80 20 61 87.
Confrérie de Saint-Vincent et des Grumeurs de Santenay (Verwaltung), Tel.: 80 20 60 56.
Domaine Fleurot-Larose (Weinkeller): täglich, Tel.: 80 20 61 15.

Hotels

Le Lion d'Or, Tel.: 80 20 60 24.

Chambres d'hôte

Rémy-Thevenin, Yves-Eric, Tel.: 80 20 66 13.

Camping

Camping Municipal des Sources, Tel.: 80 20 66 55.

Restaurants

Restaurant l'Ouillette, Tel.: 80 20 62 34.
Restaurant Le Terroir, Tel.: 80 20 66 45.

Information

Avenne des Sources, Tel.: 80 20 63 15.

Semur-en-Auxois

Feste und Veranstaltungen

Course de la Bague (ältestes Pferderennen Frankreichs, seit 1369): 31. Mai. Jahr-

Weinberge bei Pommard.

markt: dritter Donnerstag im Monat und 31. Mai. Patronatsfest: 15. August.
Märkte
Dienstags, donnerstags und samstags.
Sehenswürdigkeiten
Musée Municipal (in einem ehemaligen Dominikanerkonvent): Mitte Juni bis Mitte September, Tel.: 80 97 24 25. Die rund 30.000 (z.T. kostbare) Bände umfassende Bibliothek kann besichtigt werden.
Château de Flée (Wohnsitz des Schatzmeisters Ludwigs XV.), Tel.: 80 97 17 17.
Tour de l'Orle d'Or, Tel.: 80 97 24 25.
Hotel-Restaurants
****Hostellerie d'Aussois*: Route de Saulieu, Tel.: 80 97 28 28.
***Hôtel de la Côte d'Or*: 3, Place Gaveau, Tel.: 80 97 03 13.
***Hôtel Les Cymaises* (Gebäude aus dem 18. Jahrhundert): 7, Rue du Renaudot, Tel.: 80 97 21 44.
**Hôtel du Commerce*: 19, Rue de la Liberté, Tel.: 80 96 64 40.
Hôtel-Restaurant des Gourmets: 4, Rue Varenne, Tel.: 80 97 09 41.
Le Relais de la Vie (in einem ehemaligen Konvent aus dem 18. Jahrhundert): 10, Rue du Couvent, Tel.: 80 97 03 81.
Jugendherberge
Maison Amie: 1, Rue du Champ de Foire, Tel.: 80 97 10 22.
Feriendorf
VVF-Gîclair de Flée (Ferienappartements und Vier-Sterne-Campingplatz), Tel.: 80 97 12 99.
Information
2, Place Gaveau, Tel.: 80 97 05 96.

SAÔNE-ET-LOIRE

Comité Départemental du Tourisme de la Saône-et-Loire: 389, Avenue de Lattre-de-Tassigny, 71000 Mâcon, Tel.: 85 38 94 36.

Anzy-le-Duc

Feste und Veranstaltungen
Sommerkonzerte: Juli und August (Informationen beim Fremdenverkehrsamt Marcigny, Tel.: 85 25 39 06). Patronatsfest: erster Sonntag im August.
Sehenswürdigkeiten
Priorei (mit renovierten Stallungen aus dem 11. Jahrhundert mit Holzdecke), Tel.: 85 25 08 21.
Hotel-Restaurants
Auberge du Prieuré, Tel.: 85 25 01 79.
Chambres d'hôte
Lamy, Geneviève: Le Bourg, Tel.: 85 25 17 21.
Information
Marcigny, Tel.: 85 25 39 06.

Buxy

Feste und Veranstaltungen
Jahrmarkt: zweiter Donnerstag im Monat. Örtlicher Feiertag: letzter Sonntag im Juli.
Sehenswürdigkeiten
Buxy-Saint-Gengoux-le-National (Winzerkeller): Dienstag bis Samstag 8.00–12.00 und 14.00–18.00, Tel.: 85 92 03 03.
Hotel-Restaurants
Le Relais de Montagny, Tel.: 85 92 19 90.
Chambres d'hôte
Daventure, Thierry, Tel.: 85 92 04 92.
Restaurants
Aux Années Vins, Tel.: 85 92 15 76.
Information
Place de la Gare, Tel.: 85 92 00 16.

Cluny

Feste und Veranstaltungen
Jahrmarkt: erster Samstag im November. Patronatsfest: Ostern und Pfingsten.
Märkte
Samstags.
Sehenswürdigkeiten
Benediktinerabtei: das ganze Jahr über geöffnet (außer 1. Mai, 1. und 11. November sowie 25. Dezember), Tel.: 85 59 12 79. Im Sommer wird die Abtei festlich beleuchtet.
Musée Ochier (mittelalterliche Kunst und Archäologie), Tel.: 85 59 23 97.
Nationalgestüt: geöffnet 9.00–19.00, Besichtigungen arrangiert das Fremdenverkehrsamt.
Hotel-Restaurants
****Hôtel de Bourgogne*, Tel.: 85 59 00 58.
***Hôtel Saint-Odilon*, Tel.: 85 59 25 00.
***Hôtel Le Moderne*, Tel.: 85 59 05 65.
**Hôtel Commerce*, Tel.: 85 59 03 09.
Chambres d'hôte
Alamagny, Liliane, Tel.: 85 59 10 70.
Donnadieu, Noëlle, Tel.: 85 59 05 10.
Camping
Camping Saint-Vital, Tel.: 85 59 05 87.
Restaurants
Le Potin Gourmand, Tel.: 85 59 22 58.
Information
6, Rue Mercière, Tel.: 85 59 05 34.

Couches

Feste und Veranstaltungen
Jahrmarkt: 10. Januar. Patronatsfest: 22. Januar. Gemeindefest: Sonntag nach dem 14. Juli.
Sehenswürdigkeiten
Burg der Margarete von Burgund: Von Juli bis September täglich Führungen zwischen 10.00 und 12.00 sowie 14.00 und 18.00, von April bis Juni geöffnet an Sonn- und Feiertagen zu den oben angegebenen Zeiten, Gruppenführungen nach Anmeldung, Tel.: 85 49 68 02.
Hotel-Restaurants
***Hôtel des Trois Maures*, Tel.: 85 49 63 93.
Camping
Camping Municipal de la Gabrelle, Tel.: 85 49 63 79.
Restaurants
Restaurant de la Tour Bajole, Tel.: 85 45 54 54.

Cuiseaux

Feste und Veranstaltungen
Kastanienfest: 29. Oktober. Örtlicher Feiertag: zweiter Sonntag im Juli.
Sehenswürdigkeiten
Altstadt von Cuiseaux, ein Rundweg ist mit gelben Pfeilen markiert.
Weinmuseum: täglich (außer montags) 15.00–19.00.
Hotel-Restaurants
***Hôtel Vuillot*, Tel.: 85 72 71 79.
***Hôtel du Nord*, Tel.: 85 72 52 40.
Information
Im Schloß der Fürsten von Oranien, Tel.: 85 72 71 27, Juli bis September: 15.00–19.00.

Semur-en-Brionnais

Feste und Veranstaltungen
Patronatsfest: Sonntag vor dem 22. Juli. *Son-et-Lumière*-Aufführungen: donnerstags und samstags von Mitte Juli bis Ende August.
Märkte
Im nahegelegenen Saint-Christophe-en-Brionnais findet jeden Donnerstagvormittag ein bedeutender Viehmarkt (Charolais-Rinder) statt.
Sehenswürdigkeiten
Schloß: März bis Mitte Oktober täglich 10.00–12.00 und 15.00–19.00.
Altstadt von Semur-en-Brionnais, Information zu Gruppenführungen im Schloß, Tel.: 85 25 13 57.
Hotel-Restaurants
Hôtel Saint-Antoine (Marcigny), Tel.: 85 25 11 23.
Chambres d'hôte
Couvent des Récollets (Gebäude von 1624; Marcigny), Tel.: 85 25 05 16.
Restaurants
La Taverne Charolaise (Marcigny), Tel.: 85 25 21 93.
Information
Marcigny, Tel.: 85 25 39 06.

UNTEN: Der Vierungsturm der ehemaligen Prioratskirche von Anzy-le-Duc.

RECHTS: Spiegelungen im Fluß Yonne.

Literaturhinweise

Bazin, Jean-François und Tingaud, Jean-Marie: Bourgogne, Paris 1990.
Bazin, Jean-François: Dijon et la Côte Viticole, Paris 1992.
Bourgogne, Morvan (in französischer Sprache), Karlsruhe 1988.
Callea, Olivia: Burgund. Die Küche und ihre Tradition, Aarau 1996.
Calmette, Joseph: Die großen Herzöge von Burgund, München 1996.
Colombet, Albert: Bourgogne, Paris 1985.
Delaforce, Patrick: The Country Wines of Burgundy and Beaujolais, London 1987.
De la Torre, Michel: Côte d'Or, Paris 1990.
De la Torre, Michel: Nièvre, Paris 1990.
De la Torre, Michel: Saône-et-Loire, Paris 1990.
De la Torre, Michel: Yonne, Paris 1990.
Droste, Thorsten: Burgund, Köln 1998.
Duijker, Hubrecht: Burgund (Hugh Johnsons Weinreisen), Bern 1997.
Dunlop, Ian: Burgundy, London 1990.
Eperon, Arthur und Barbara: Champagne and Burgundy, London 1996.
Guide Bleu Bourgogne, Paris 1987.
Gunn, Peter: Burgundy, Landscape with Figures, London 1976.
Hootz, Reinhardt (Hrsg.): Kunstdenkmäler in Frankreich. Burgund. Darmstadt 1991.
Mehling, Marianne (Hrsg.): Knaurs Kulturführer in Farbe – Burgund, München 1990.
Merian – Das Monatsheft der Städte und Landschaften. Burgund. Hamburg 1996.
Nuits-Saint-Georges en Bourgogne, Saint-Georges-de-Luzençon 1989.
Oursel, Raymond: Romanisches Burgund, Würzburg 1996.
Ousby, Ian: Blue Guide, Burgundy, London und New York 1992.
Oz, Clarke: Clarkes Weinführer Burgund, München 1998.
Philpott, Don: Visitor's Guide to Burgundy and Beaujolais, Ashbourne 1995.
Renvose, Guy: Guide des Vins de Bourgogne, Paris 1982.
Roth, Hans: Von Burgund zur Bourgogne, Gießen 1994.
Speaight, Robert: The Companion Guide to Burgundy, 2. v. Francis Pagan überarb. Aufl., London 1996.

Danksagung des Autors

Für ihre freundliche Unterstützung danke ich folgenden Institutionen und Personen: dem Comité Régional du Tourisme de Bourgogne, dem Comité Départemental du Tourisme de l'Yonne, dem Comité Départemental du Tourisme de la Côte d'Or, dem Comité Départemental du Tourisme de la Saône-et-Loire, dem Comité Départemental du Tourisme de la Nièvre sowie Xavier Dufouleur, dem Bürgermeister von Nuits-Saint-Georges.

Der Text dieses Buches ist Jimmy Davson gewidmet, der mir beim Recherchieren und Schreiben in Frankreich Gesellschaft leistete.

Danksagung des Fotografen

Die Burgunder sind bekannt für ihre Gastfreundschaft, aber die Herzlichkeit, mit der ich bei meinen fotografischen Streifzügen aufgenommen wurde, übertraf sämtliche Erwartungen. Ich danke all denen, die mir, dem neugierigen Eindringling, geduldig und hilfreich zur Seite standen, insbesondere den Winzern und Köchen, deren exzellente Produkte mich inspirierten und meinen Taillenumfang im Laufe meiner Rundreise vergrößerten. Besonderen Dank schulde ich der bekannten Kochbuchautorin Marie-Pierre Moine, die mich bei meiner ersten Reise nach Frankreich begleitete. Sie hat mir nicht nur beigebracht, ein gepflegtes Mittagessen zu schätzen, sondern mich auch ihrem Vater, dem unvergleichlichen Pierre Moine, vorgestellt, dem ich die Aufnahmen dieses Bandes widme.